ひとの発達を支える

教育の原理・課程・方法

石橋　修
藪内　聰和
山岸　治男
山本　義史
吉本圭一郎

溪水社

はじめに

本書は大学・短大・専門学校等で学ぶ「教育原理」「教育課程」「教育方法」などの教職科目を、「ひとの発達を促す教えと学び」の視点から総合的に編集しようと試みた図書です。教育を総合的に「森を見る」見地から鳥瞰し、個別の課題にも「木を見る」視点から関心を呼び起こすテキストが必要だと感知します。

著者たちは、小学校・中学校・高等学校・大学・短大・専門学校・大学院などの学校教育のほか、社会教育やスクールカウンセラー（SC）等の業務歴もある多様な顔ぶれで、共通するのが「研究と実践の両立」を重視する見方です。大学生の指導だけでなく、小・中・高等学校の児童・生徒とともに授業に取り組む体験を比較的頻繁に行なっています。

本書の第一の特色は、学校現場を参与観察し、児童・生徒・保護者・教員との交流・情報交換を通して課題に気づき、編集の基本にした点です。学校教育は、家族や地域社会、国際社会の大きな変動の下、今、危機的状況に見舞われているというも過言ではありません。拡大する発達環境格差、情報機器の浸透・拡散、情報が作り出す新たな環境と連帯感、接面的場面の希薄化、集団・組織離れと個人の孤立など、学齢期の子どもたちが遭遇する人間・社会環境に多様な状況が立ち現れています。

第二の特色は、「教育論」よりも「教育臨床」に重点を置いた点です。「机上の論議」よりも「実態の改善」を重視したことです。

第三の特色は、高校卒業後に初めて読む教育学に関する図書として、分かりやすく記述しようと努めた点です。問題に気づき、関心を深める上で、ぜひ一読してほしいと考えるところです。

2023（令和５）年４月３日

著　者　一　同

ひとの発達を支える

教育の原理・課程・方法

目　次

第Ⅱ編　教育の計画・課程
—発達を促す教育の設計—

第Ⅲ編　教育の方法・技術
―子ども／学級／文化と関わる教育臨床―

第Ⅰ編　教育の原理・原論

―ひとの発達／自律／共生の基礎理論―

第１章　教育の本質と目的・目標

—ひとと社会の成り立ちから—

動物の子育ての多くは、一般に「習性」によるといわれます。

ひとの場合、習性による面もありますが、文化として獲得した知識や技術を伝える「教育」が、子育ての基本になります。では、教育の基本は何に由来するのでしょう。

第１節　教育の本源

１　生き物の誕生と発達

燕の子育てを観察しましょう。最初は産み落とした卵を巣の中でひたすら温めますね。やがて､卵の殻を内側から破って雛（ひな）が誕生します。

では、卵の中はどうなっているのでしょう。

卵には卵黄や卵白があります。後に雛になるのは胚盤と言われる部分ですが、胚盤は親鳥の抱卵による適切な温もりを受ける環境の下で卵黄を養分として成長し、卵白に護られて大きくなります。卵黄を使い果たす頃、胚盤は雛の姿になり、やがて、殻を破って外に出ます。この後は親鳥が運んでくる餌を受けて栄養を取り、成長します。

ひとの誕生から乳幼児期までの行程も､燕の場合と似ています。それは、燕（鳥類）もひと（哺乳類）も生き物、とりわけ動物として共通な面があるからです。この共通な性質が習性です。親鳥から餌をもらい、保護者から授乳されて、燕もひとも体が成長し、温かい・寒い、満腹する充実感・空腹の不満感など、次々に「情動」「感情」を持ち初めます。また、親鳥や保護者がいる気配と天敵や嫌な状況が起こる気配など、身を守る認知力を高めます。親の元へは安心して寄り付き、危険からは逃避するなど、身体的行動力も必要になります。こうなると、いつしか成長し保護されるのとは異なり、安心して喜んだり、警戒して身を守ったりするなど「感知」し、「行動」する「発達」が必要になります。

2　文化の継承としての教え・学び

　では、発達は、成長と同じように、いつしか自然に身につくのでしょうか。もしそうであれば、親・大人は子ども・次世代を一時的に保護するだけでよいことになります。しかし、ひとの場合、知識や道徳観念など、沢山の事柄を親・大人が子ども・次世代に教えますね。燕も、よく観察すると、巣立ち（巣から独力で飛び立つ技術と勇気）を見習わせることに気づきます。発達は、ひとりでに、というだけでなく、親・大人の教える作用、後には子ども・次世代側からも教わる（学ぶ）作用があって、初めて進行する事態であることが分かります。

　ここからは、原則として「ひとの発達」に絞って記します。では、発達とは何でしょうか。前に記しましたが、発達は感知し、行動する必要から生じたものと言えます。生き物にとって最も重要なことは、自分の個体の維持と、子孫を残すこと、つまり類の維持ではないかと思われます。ここから次々に多種多様な必要や、時には意欲や欲望に基づく感情も生まれ、それを満たすための行動も行なうようになります。こうした複雑な行動が行なわれ伝承されるために、数えきれないほどたくさんの知識が案出され、それを伝承する仕組みも生まれます。日常的な知識は家族や近隣仲間で維持し子どもに伝承する程度でうまく進むでしょう。しかし、高度な知識は専門家集団によって維持され伝承されなければならなくなります。こうなると、ひとは単に個体として生存するだけでなく、仲間と交流・交渉・関係しあう上で、集団や組織に参加しなくてはならなくなります。知識や技術の伝承も集団的・組織的に行なわれるようになります。これが、「教育（教え）」であり「学習（学び）」です。

3　教え・学びの適時性；野生児の事例から

ところで、今日、「生涯学習の時代」と言われ、生涯のどの時点からでも簡単に学習ができると思われがちですが、実際はかなり違います。教育・学習（教え・学び）には適切な時期があるのです。その「適時性」の具体的年齢設定については多様な考えがありますが、知的・技術的能力と経験などとの関係をどう理解するかによる考え方の違いです。また、学んで習慣化した思考や行動を途中で変更することも、かなり大変なことは、「マインドコントロール」や「飲酒・喫煙習慣」解消の難しさが物語ります。

適時性と似た概念に「臨界期」があります。知識や技術によっては、一定の年齢ゾーン（期間）以外には習得し難くなることがある事実を指します。例えば外国語を習得しようとする場合、中高齢期になると幼少年期に習得するよりも困難が伴います。これは、例えば広く知られた「野生児」に言葉を教える努力が十分には開花しなかった例などからも説明されることがあります。

適時性や臨界期を考慮すると、「学校などに行かなくても、必要があればいつでも学べる」というのは、限られた人たち以外には該当しないことが分かります。

4　群れ・関係・集団・組織づくりと教え・学び

自然の情景を観察すると、魚類・鳥類・哺乳類などの多くには「群れ」が見られます。時には、関係や集団も見られます。さらには組織があると思われる動物もいます。集団や組織を持つように見える生き物の場合、必要な知識や技術は意図的に伝授しているのではないかと思われる場面にも遭遇します。人間の場合、それは間違いなく意図的・計画的です。

こうした意図・計画は、はじめは小集団の中で必要においてその都度、あるいは通年、年齢や性別など心身の特性に応じて半強制的に行なわれたと思われます。半強制と言っても、皆がその年齢になればほとんど例外なく従う行動なので、個体が「強制感」を意識することはあまりなかったと思います。獲物の捕獲、分配、恵の神への畏敬・感謝の表明、幼少の子どもへの労りと高齢者への尊敬・労りなどの半強制的な行動の習慣化（狩りの役割分担・火を囲んで採る食事・豊穣祭・誕生祝や先祖供養・墓参など）は、今日風に言い換えれば、勉強・集団内役割分担・祝い・悔やみなどの行事になりましょう。

5　教えから学びの主体へ

教育の本質の一つは、見てきたように、一人ひとりの個体を支える基盤ともいえる集団（家族・部族など、今日の家族・親族・同族・近隣・公共団体・国家・国際社会など）を維持し、子孫に文化・文明を継続・譲渡し続ける機能を発揮することにあります。しかし、今日の私たちの思考から見ると、それではあまりにも「個人」の自由が少な過ぎます。では、ずっと以前、近代などという言葉が無かった時代、個人は何の主張もしなかったのでしょうか。そんなことはありません。例えば恋愛感情、空腹を満たしたい思いや、理不尽なストレスから逃れて自由になりたい願望などは、時空を超えた「ひとの自然」だと思われます。集団は、身分や職責や立場などに即して、「社会規範」を法や道徳の名で個人に遵守するよう迫ります。しかし、恋愛・空腹・ストレスなどは、場合によってはその時代の規範や道徳を犯し、「江島生島事件」「富山米騒動」「大塩平八郎の乱」などを引き起こすことがあります。では、そこには人の発達に関して、どんなからくりが潜在するのでしょうか。

人は法や道徳などに従う「社会性」の発達の彼方に、自分の意思・意志・思い・希望など、総じて「自己」「実存」と言われる見えにくい発達の一面を秘めています。社会性が十分発達すると、円熟した・好い人・完成した人と見られるようになります。しかし、ひとの本旨・神髄は？となると、そうした社会性を尊重しながらも、「これは？！」と思う事態や状況に対して、世の中の決めた通りにはできない面が湧き出します。米騒動や大塩の乱は当該時代・社会の構造的矛盾に対して取った行動です。特に大塩の場合は、今日風に言えば警察本部長クラスの地位にいた人と考えられますので、社会規範や構造の矛盾に十分気づいていたと思います。それに対する「抗議」を公然と行なったわけです。米騒動の場合もこれと通じる面がありますが、値上がりする米価にたまりかねてという感情的切実感の方が大きかったかも知れません。これらに対して、江島事件の場合、その動機が恋愛という個人的な情動である点が異なりますが、ひとの本源に根拠がある点で共通です。

少々横道にそれましたが、要は、社会化の彼方に、「自己・実存」などと語られる精神的側面の発達があることです。感染症蔓延化で医療行為の継続に悩む医療関係者、素行の悪い生徒の担任を承諾するか否かに迷う教師、戦時下、原住民から食料を奪えと兵士に命じるか否かに苦悶する軍幹部など、精神的側面の発達状態が厳しく問われることもあります。

第２節　教育の目的と目標

１　教育の目的とは

記したように、教育の目的は、当該の時代や社会によって少しく異なります。21世紀の今日でも、例えばタリバン政権下のアフガニスタンでは、基本的に女子の学校教育は認められないと言われます。そこまで厳しくなくても、国籍や身分など出自によって、経済的状況によって、IQで測定されるような知的能力によって、教育が受けられるかどうかに格差が生じる事実は多様な形で報告されています。では、なぜ、そうなるのでしょう。

それは、教育が集団による知識や技術の伝承と考えられるからです。伝承される子どもなどが当該集団から見てどんな位置・立場にあるかが暗に問われるのです。集団から排除されるべきと考えられた人たちへの知識や技術の伝授は「開かずの門」になることがあります。同じ日本人同士であっても、近代以前は、武家や公家以外には、手習いはあっても高度な漢文を読破する知識や技術を教授する機会はありません。教育の「門戸開放」には、教育思想の改革、教育の制度・政策の改革の上に、内容・技術などを、身分や性などに関わらず解放する必要がありました。

日本では、このような内容に関わる動きが具体化して、今、150年が経過したところです。そこには2つの教育の目的がありました。1つは、文字通りすべての国民が教育を受け、学習して文明リテラシーを修得することです。文明開化・市民平等などがキャッチフレーズとして似合う目的と言えます。第2は、近代欧米並みの文明、特に殖産興業技術を国民の大多数が習得することによって、国策としての「富国強兵」を実現することでした。ここで重視された対策が、身分よりも能力を重視する政策です。能力に優れた人物を国の政治・経済・文化などの進展に役立てようとしたわけです。その方策として、全国に小学校を設置し、成績査定ができる状況を作り出します。こうして、学校教育は、ひとの生涯の社会的・経済的地位の決定、「国力」の在り様に大きな影響を与えるようになります。

2　戦時下の教育目的

教育は、こうして次世代育成の視点から見ても、また集団としての国家から見ても重要な事項になります。政治・経済・文化などに基礎づけられる「国力」の多くは教育がどのように行なわれるかによって方向付けられます。日本の教育に限って言えば、文明リテラシーと身分の解放などから高く評価される教育ですが、他方、「富国強兵」と言われた「強兵」策として、西南戦争終結後、外国、とりわけ朝鮮半島や中国、ロシア東部に「国防」ないし「資源確保」の途を求めた「軍国」策に協力していきます。

日清・日露戦争の「勝利」、第一次世界大戦への連合国側への参加により統治する国土が広がります。「欧米からの脅威」は全くなかったとは言えないにしても、むしろ「脅威」を鼓舞して国全体を軍国化した面も見逃すことができないと思います。この中で教育は軍国化を逃れ得ず、平等と言いながら、韓国や中国に対しては植民地化、傀儡（かいらい）「満州帝国」の創設を実行しました。日中戦争以後は、国家の意思決定を委ねる国会議員の選出や内閣の組閣にも軍の意向が影響し、いわゆる政党政治は崩壊します。この過程で、学校教育も社会教育も軍事的指導・監視下に置かれ、教育や研究の自由が後退・消滅します。

３　今日の学校教育の目的

国家間戦争が終結するのにどれ程の困難が伴うかは、2022年２月にロシアが一方的にウクライナに侵攻した「プーチン戦争」が証明します。日本のアジア太平洋戦争も同様でした。太平洋の島々で日本が敗退する頃には、公言はできませんでしたが、国民に、「早く戦争が終わればいい」と思った事実があったことは多くの手記などで語られます。軍内部にもこの議論はあり、近時、終わり方をめぐる論争の凄まじさに触れた証言も相次いでいます。それでも、実権を握る軍上層部の、国民や世界情勢を無視した意思決定に即して、沖縄戦・東京大空襲・広島／長崎原爆投下まで止（や）めなかったのです。「たとえ一人になっても竹槍で米兵と戦え！」と、責任ある立場の人たちが言ったとすれば、ヒットラーやプーチンと同類のことが80年前の日本でもあったわけです。

1945年夏の敗戦。それ以後の日本の教育は、こうした凄まじい歴史的事実を背景に、その反省に立つ未来構築に向けて検討・実施されます。

歴史的状況が変化する過程で、経済復興、占領体制からの独立、国際連合への加盟、世界各国との平和的外交、国内に発生する諸問題の解決・解消など、問題は山積します。それらに対して、国民全体の意思として世界に向かって表明する意思決定の方法も、軍事的独裁状態から十分解放された状態が必要です。この状態を具体的に実現するには、時間を要しますが、教育への期待が最も大きかったと言えます。敗戦以後の日本の教育は、学校教育も社会教育も、こうした必要と希望を念頭に進められます。

多くの国民が望んだ「平和」、人間存在の最も本源的な在り方としての「人権」、人権を保障しあう国民によって行なわれる仕組みとしての「主権在民」政治制度など、民主主義の原則が、先ず憲法で保障され、それを受けて教育基本法が制定されました。これらの下に、学校教育法や社会教育法が制定され、以下、必要な法令が定められ、教育の世界にも「法定主義」が浸透します。教育の目的や目標も法に明記されるようになります。

では、こうした理念や理想が永続するためには何が必要でしょうか。それは何よりも「平和」です。平和でなければ、政治は内部抗争や対外戦争に明け暮れ、日常的福祉に関わる民政がうまく進展しません。また、経済は、輸出入の状況変動や、工場の被爆、労働者の安定的確保の困難など、活動が滞ります。文化に至っては、活動の場の確保が脅かされ、移動手段の攻撃に躊躇する羽目になりかねません。では、普通の国民ならだれもがしたくない戦争がなぜ起こされるのか。端的に言って、それは民主主義が理念に即して進展しなくなることがあるからです。そうしない・させないためにも、まっとうな教育、認知・認識に歪みの少ない教育が必要になります。まっとうな教育が失われれば、民主主義は形骸化し、正確な事実の観察・認知・判断・批判・提案などができない、「無責任な自由」を場当たり的に発揮する国民も生じかねません。そうなると「武力・暴力」によってこうした国民を抑え込む状況が生まれやすくなります。そこでは民主主義の仮面を被（かぶ）った独裁主義が生まれます。

教育はこの点からも、どんな人間・市民・国民を育て、どんなコミュニティー・社会・国家・地球世界を目指す活動であるかを真摯に考えなければならない現実問題に直面しています。

第３節　民主主義と教育

論の展開に即し、本章の末尾を「民主主義と教育」の題で要約します。それは、第二次世界大戦終結後まもなく80年が経過しようとする今日、「第三次世界大戦」に怯（おび）える事態を、世界の多くの人々が払拭できない状況が生まれているからです。この予感を「とり越し苦労」にするには、なお教育に待たなければならない面が大きいと思われます。これまで論じた教育の目的云々を下支えする「教育の原理」を探ってみます。

知識や技術、法令や道徳などの遵守を教え教わる行動、教授・学習行動は、そもそもどんな原理に従っているのでしょう。どんな原理に沿っているのか、と換言してもよいでしょう。考えると、「従う」「沿う」行動の本源が人の欲求にあることに気づきます。教育の「育」は「はぐくむ」「そだつ」

と読みます。それは多分、「は（羽）ぐるむ」「す（巣）だ（立）つ」が訛った言い方だと思われます。ここに、教育・学習の原理が見え隠れします。

「羽包（はぐる）み」は親鳥が採る行動です。それは、卵を温めれば雛が孵（かえ）るが、放っておけば卵自体が死んで腐敗することを親鳥が習性として知っているからです。ひとの授乳も同じです。育みや授乳は成鳥・成人した者が卵や雛、乳幼児などに行なう広義のケアです。このケアを受けてこそ、卵が孵化し、幼鳥として餌をもらって成長し、やがて独りで行なう「巣立ち」に至ります。ひとも、授乳され、安全な見守りの中で這い這いし、立ち、歩き、独り立ちして「社会参加」するのです。

燕とひとでは異なる面もありますが、「巣立ち」「社会参加」が可能なのは、ケアという教育の後ろ盾があってこその可能性です。教育が無ければ、可能性は開花しないで終わります。また、教育が「人権」の視点から見て妥当でない、理不尽な「ケアもどき」をし続ければ、可能性は、歪んだ、ねじれた姿になります。その意味で、広義のケア、教育は人権を熟慮して行なわれる必要があります。とすれば、それは、民主主義のまとも・妥当な認識が基本になります。この認識に歪みがあれば、民主主義は「多数」という名の暴挙にもなり得るからです。

極端な例示ですが、例えば「ソクラテスのような哲人にあらゆる政治的権限を委ねる国家」と「利権や有力筋への忖度（そんたく）を自由に行なう民衆が選挙で代表を決めて政治を行なう国家」を想定した場合、形式上、前者は独裁主義、後者は民主主義ですが、世界や日本の現実を見ると、後者の方がむしろまずい面が露呈するように思います。形式が民主化しても、内実が伴わなければ、民主主義はとんでもない結果を招きかねません。

こうした形骸化と関連してか、二・二六事件の青年将校には、利権や政権が醜く絡む当時の日本を一気に「改革」しようと、「（絶対に正しいと信じた）天皇」の配下に国を作り直そうとした一面があります。こうした、「絶対正義」をかざす思想とそれを背景にした行動は、歴史においてしばしば生じました。それは「強力なイデオロギー」を内面化した人たちによって、時には単独行動として、時には集団行動として、「テロ」「暴動」に連動しました。それらは、社会的意思表明として相互に人格を容認する状況下で行なう交渉・話し合いとは異なります。

では､両者の差異は何に由来するのでしょうか｡「言論活動としての交渉」と「テロ・暴動」との違いは､民主主義の基本を「責任を持って思索する」か、自分が信じる「絶対正義」以外は排除する立場に立つか、の違いだと言えます。排除する行動はエスカレートすれば暴挙・強奪・殺人にもなります。それは民主主義の消滅を招きます。

ここで再度､民主主義の基本､「人権」に立ち返る必要が感知されます。人権は､生きとし生ける者すべてが人間らしく生きる権利です。それには､争いや戦いよりも､互いに支え､協調し､補助しあうケアこそが必要です。しかし、人はこの能力を生まれながらに持っているのではありません。惜しみない育みが十分あってこそそのケアの理解・受容です。21世紀の後半を見つめ、改めて真の民主主義を目指す教育・学習が求められます。十分なケアを受け、やがて、自分にどんなケアができるかを自覚する諸個人の教育・学習と言えましょうか。

参考・引用・紹介文献

清水克彦（2022）．ゼレンスキー勇気の言葉100．ワニブックス
汐見稔幸（2011）．よくわかる教育原理．ミネルヴァ書房
住田正樹（2021）．人間発達論．左右社
広田照幸（2006）．日本の教育と社会③子育て・しつけ．日本図書センター
ボーク重子（2018）．「非認知能力」の育て方．小学館

第2章　教育思想の展開

—教育の哲学的・思想史的基礎—

教育は人類史とともに行なわれてきた営みです。ここに、改めて「なぜ教育が必要なのか」と問う疑問が生じました。この問いを探って生まれたのが教育思想です。西洋思想の根源といわれる古代ギリシャにまで遡って概観しましょう。

第1節　古代・中世の教育思想

1　ソクラテス（Sokrates, B.C. 470/469-B.C. 399）

⑴　生涯

ソクラテスは､アテネで生まれました。父は石工（彫刻家）､母は産婆（助産師）でした。ソクラテスは、「国家の認める神々を認めないで、他の新奇なる神霊のたぐいを導入するという罪を犯している。また青年たちを堕落させるという罪も犯している」（ディオゲネス　1984：150）として訴えられ、死刑判決を受けました。友人達は、脱獄をすすめました。しかし、ソクラテスはこれを断り、毒杯を仰いで亡くなりました。ソクラテス自身は著作を残していません。しかし､弟子のプラトンによる対話篇などにより、ソクラテスの思想は理解できます。

⑵　無知の知

『ソクラテスの弁明』によれば、カイレフォンという人が、デルフォイという所にある神殿で、「私［ソクラテス］以上の賢者があるか」と伺いを立てたところ、その答えは「私［ソクラテス］以上の賢者は一人もいない」というものでした（プラトン　1964：20)。ソクラテスは、自分を賢明だとは思っていませんでしたので、賢者といわれる人々をたずねました。政治家をたずねたソクラテスは、美とか善について、政治家は「何も知らないのに、何かを知っていると信じており、これに反して私［ソクラテス］は、何も知りはしないが、知っているとも思っていない」（プラトン　1964：21）と考えました。この意味で、ソクラテスは、「智慧の上で少しばかり優っているらしく思われる」（プラトン　1964：21）と判断したのです。詩人や手工者（職人）をたずねても同じ結果でした。これが、ソクラテスの「無知の知」という考えです。ソクラテスは人々に無知の知を自覚させることを使命とします。ここに教師としてのソクラテスの姿があります。

⑶　教育方法としての対話術・産婆術

ソクラテスが用いた教育方法は「対話術」です。対話術とは、「自分と他人との対話を通じて互いの思い込み（ドクサ）を吟味し、その偏りを直し、やがて共通に承認できるより普遍的な見解を発見する手続き」（村井　1984：107）です。対話術は「産婆術」とも言われます。『テアイテトス』によれば、「僕［ソクラテス］自身ちっとも知恵のある者なんかではない」けれども、「僕［ソクラテス］と交わりを結ぶ者」は、「自分で自分自身のところから多くの美事なものを発見し出産」するといいます（プラトン　1966：35）。つまり、あたかも助産師（産婆）が、妊娠した人から子どもを取り上げるように、人々と対話をすることによってその人が真理を生み出すのを援助するのがソクラテスの教育方法です。

⑷　学習方法としての想起

対話術という教育方法に対応するのが、「想起」という学習方法です。『メノン』によれば、「ものを知らない人の中には、何を知らないにせよ、彼が知らないその当の事柄に関する正しい思わくが内在して」（プラトン　1994：65）いて、「ただ質問した結果として、この子は自分で自分の中から知識をふたたび取り出し、それによって知識をもつようになる」（プラトン　1994：66）のであり、「自分で自分の中に知識をふたたび把握し直すということは、想起するということにほかならないのではないだろうか？」（プラトン　1994：66）とソクラテスは問いかけます。つまり、人間は生まれつき知識を持っていて、ソクラテスとの対話によってそれが呼び覚まされるのです。

２　プラトン（Platon, B.C. 428/427-B.C. 348/347）

⑴　生涯

プラトンは、アテネの名家で生まれました。20歳の頃、ソクラテスの弟子となりました。最初、政治に関心がありました。しかし、師匠であるソクラテスが刑死したことなどによって政治への情熱は失われ、哲学の道へと進みました。40歳頃、アテネにアカデメイアという学園を開設しました。プラトンの著作は、対話篇という形で著されています。主要な著作は、初期には『プロタゴラス』・『メノン』・『ゴルギアス』、中期には『饗宴』・『国家』・『パイドロス』・『テアイテトス』、後期には『政治家』・『法律』などがあります。

⑵　イデア論

プラトン哲学の根本の一つがイデア論です。「イデア」とは、ある事物が、なぜそのような事物として存在するかを規定する根拠です。イデアは次のように説明できます。第一に、「イデアは同じ類に属する多くの個物に共通な一つのもの」（岩崎　1975：45）です。例えば、美しいものには、美しい人・美しい絵画・美しい自然等がありますが、しかし、美のイデアは一つしかありません。第二に、「各々のイデアはそれぞれ絶対に自己同一的、すなわち不変化的なもの」（岩崎　1975：45）です。美しいものは、美しさを失うことがあります。これに対して、美しさのイデアは決して変化しません。このようなイデアが個物にいわば入り込んでいるから、ある事物はそのような事物として成り立つのです。要するに、美しいものには美のイデアが入り込んでいるのです。このような事態は、個物がイデアを「分有」するとか、個物へイデアが「臨在」するとか言います。なお、感覚で捉えられる世界を「現象界」、これを超越したイデアの世界を「叡智界」と言います。この考え方は、現象界は叡智界の不完全な模倣としての影であるという「二元論的世界観」です。

⑶　理想国家

『国家』によれば、プラトンは「正義」の観点から理想国家とは何かを考察します。理想国家は、三つの階級から成り立ちます。「支配階級」と「軍人階級」と「生産階級」です。それぞれの階級が望ましい態度としての徳を行なうところに国家の正義があるとプラトンは主張します。すなわち、支配者階級は「知恵」を出すこと、軍人階級は「勇気」を奮うこと、生産者階級は「節制」することです。人間の魂も、理想国家のように三つの部分に分かれています。「理性」と「気概」と「欲望」です。国家と同じく、理性は「知恵」をだすこと、気概は「勇気」を奮うこと、欲望は「節制」することで、魂の正義が実現されます。このように、プラトンの理想国家は、個人よりも国家の仕組みを優先する全体主義的国家であると言えます。なお、知恵・勇気・節制・正義は「四元徳」と呼ばれます。

⑷　理想国家の教育論

このような理想国家では次のような教育が行なわれます。まず、少年時代に、体育・音楽・文芸が、次いで、「計算術と数論」・幾何学・天文学・「音階の調和をなす運動」（音楽理論）が教えられます（プラトン　2008：125-171）。さらに、20歳になる前に２～３年をかけて体育が義務づけられます。20歳のときに選抜が行なわれ、「とくに選び出された者たちは、［……中略……］少年時代の教育においてばらばらに雑然と学習したものを総合して、もろもろの学問がもっている相互の間の、また実在と本性との、内部的な結びつきを全体的な立場から総観」します（プラトン　2008：125-171）。30歳のとき再び選抜が行なわれ、選抜者は、５年間、哲学的問答法を学びます。その後、15年間、「戦争に関する事柄の統率などの、若い者に適した役職を義務として課さ」れます（プラトン　2008：125-171）。50歳になったとき、選抜者は、「その＜善＞［善そのもの、すなわち善のイデア］を範型（模範）として用いながら、各人が順番に国家と個々人と自分自身とを秩序づける仕事のうちに、残りの生涯を過すように強制しなければならない。すなわち彼らは、大部分の期間は哲学することに過しながら、しかし順番が来たならば、各人が交替に国の政治の仕事に苦労をささげ、国家のために支配の任につかなければならない」（プラトン　2008：181）のです。それと同時に「つねにたえず他の人々を自分と同じような人間に教育」（プラトン　2008：182）することも課せられています。このように、プラトンによる理想国家の教育論は、全体主義の中でエリートを養成するものです。

3　アリストテレス（Aristoteles, B.C. 384-B.C. 322）

⑴　生涯

アリストテレスは、ギリシャの植民都市スタゲイロスに生まれました。その父ニコマコスは、マケドニアの侍医でした。アリストテレスは、17・18歳のころ、アテネにある、プラトンのアカデメイアに留学し、20年間滞在しました。その後、マケドニアに招かれ、前343年、アレクサンドロス王子（後の大王）の教師となりました。前335年、アテネに戻り、リュケイオンという所で学校を創設しました。アレクサンドロスの死後、アテネで反マケドニアの運動が活発化したため、カルキアに移り、その後、その地で亡くなりました。主要な著作は、『形而上学』・『自然学』・『魂について』・『ニコマコス倫理学』・『政治学』等です。

⑵　国家による教育

アリストテレスの著作『政治学』で、教育目的は、良い国民を育てることだとされています。アリストテレスの人間理解は、人間は「ポリス的動物」であるというものです。正確には、「国家（ポリス）は自然にもとづくものであり、人間は自然にもとづいてポリス的動物である」（アリストテレス　2018：23）といわれます。ポリスとはギリシャ時代の都市国家です。アリストテレスは、「国家が自然にもとづくものであり、個々人よりも先なるものであることは明らかである」（アリストテレス　2018：24）と述べます。つまり、ポリスのなかで初めて個人はその能力を十分に発揮できるのです。すると、教育は国家の責任となります。これについてアリストテレスは「さて、立法者が何にもまして若者の教育に努力すべきことには、誰も異議を申し立てないだろう。なぜなら、国家に教育がなければ、国制を損なうことになるからである」（アリストテレス　2018：416）と述べます。このような国家での教育の教科は、「読み書き」、「体育」、「音楽」と「図画」であり、この中でアリストテレスは音楽による教育を重要視します（アリストテレス　2018：418-439）。

(3) 中庸の徳

『ニコマコス倫理学』では、幸福とは人生の目的であるといわれます。すなわち、「われわれは幸福を最終目的とし、あらゆる点で完全なものとされたと見なしている」（アリストテレス　2014：53）のです。アリストテレスによれば、「幸福とは完全な徳に基づいた魂のある種の活動」（アリストテレス　2014：57）です。アリストテレスの論じる徳には、「思考に関わる徳」と「性格に関わる徳」があります。「思考に関わる徳」は、「『知恵』や『分別』、『思慮』」（アリストテレス　2014：61）です。「性格に関わる徳」は、「習慣の積み重ねによって生じるもの」（アリストテレス　2014：64）です。例えば、「正しいことを行なうことによって正義の人となり、節度あることを行なうことによって節度ある人となり、また勇気あることを行なうことによって勇気ある人となる」（アリストテレス　2014：65）のです。つまり、良い行為を繰り返し行ないそれが習慣になることによって徳が身につきます。だから、ここで教育にとって重要なのは、子どもに善い習慣を付けさせることです。これについてアリストテレスは、「それゆえ、幼い頃からすかさず習慣づけられたその仕方がどのようなものであるのかという違いはわずかなものではなく、きわめて大きな、いやむしろ全面的な違いをもたらすものである」（アリストテレス　2014：66）と言います。さらに、「幸福」は、学習するのが可能であると、次のように断言されています。「そして〔幸福が学習と習慣づけによるという〕この考えは、広く共有されているものであろう。なぜなら、徳に向かう根を断たれていない者なら誰にでも、何がしかの学習と修練を通して幸福がもたらされることは可能だからである」（アリストテレス　2014：47）。「性格に関わる徳」は、「不足と超過によって消滅」（アリストテレス　2014：68）します。つまり、「徳とは少なくとも中間を目指している点で、一種の中間性」（アリストテレス　2014：80）です。例えば、「大胆さ」について、中間性は「勇気」、超過は「無謀」、不足は「臆病」であり、「快楽と苦痛」について、中間性は「節度」、超過は「自堕落」、不足は「鈍感」であり、「金銭の授受」について、中間性は「気前のよさ」、超過は「放漫」、不足は「けち」となります（アリストテレス　2014：83-84）。「中間性」は「中庸」とも日本語に訳されるので、これを「中庸の徳」ともいいます。以上のように、人は、徳を習慣にするという学習によって幸福になることができるのです。

４　アウグスティヌス（Augustinus, 354-430）

⑴　生涯

アウグスティヌスは、北アフリカのタガステに生まれました。母モニカはキリスト教徒でした。若い頃はマニ教に傾倒し、キケロの『ホルテンシウス』を読み知恵への愛に目覚めました。その後、マニ教を棄て、アカデメイア派の懐疑論へ赴きました。384年、ミラノで修辞学の教授となったアウグスティヌスは、新プラトン派の影響を受け懐疑論を脱した後、司教アンブロシウスの説教を聞き、キリスト教に回心しました。387年、アンブロシウスから洗礼を受けました。391年、ヒッポを訪問したアウグスティヌスは、司祭に叙階され、396年、ヒッポの司教に叙階されました。主著には『告白』・『神の国』・『三位一体論』等があります。

⑵　教師としてのイエス・キリスト

アウグスティヌスは、その著書『教師』で、教育を、語りによる知識の伝達という枠組みで捉えます。彼にとって語ることは、「記号」が「実在（res）」を指し示す営みです。記号は同時に、「言葉」といわれます。例えば、犬という言葉（記号）は実在する（実際に存在する）犬を指し示します（なお、「実在」と翻訳したラテン語の「レース（res）」は、日本語の「もの」に相当し、個物や状態、理念等も意味します）。知識の伝達といっても、アウグスティヌスは、教師が持つ知識を生徒に注入する行為を教育としているのではありません。むしろ、言葉によって実在（教える内容）は伝えられないと言います。それではどのようにして教育が成立するのかという問いが生じます。

> われわれが知解することのできる普遍的なものについては、われわれはおそらく言葉によって真理と相談するよう促されるのであるけれども、われわれは外に響くところのその言葉に相談するのではなく、内奥にあって精神そのものを支配する真理に相談するのである。しかしながら、教えるのは、相談されるところの人、内的人間に住むと言われるキリスト、すなわち、不変の神の力、永遠の知恵なのである。実際、すべての理性的魂はそれ（永遠の知恵・キリスト）に相談する（アウグスティヌス　1979：266）。

すなわち、教える人の言葉が刺激となって、学ぶ人は学ぶ内容をその人の中にある真理に相談するのです。真理とはイエス・キリストです。すると、教えるのは学ぶ人の中にいるイエス・キリストです。学ぶ人が記号になる以前の実在を経験している場合は、学びは「想起」になります。学ぶ人が実在を経験していない場合、学びは「探究」になります。この意味で、「全ての教師の中で教師はただ一人、天にいます教師」（アウグスティヌス：276）、つまりイエス・キリストです。以上のようにアウグスティヌスはキリスト教の神との関わりで教育を論じます。

第２節　近世・近代の教育思想

１　コメニウス（Johann Amos Comenius, 1592-1670）

⑴　生涯

コメニウスは、モラビア（現在のチェコ共和国）に生まれました。若くして父母を失い、プロテスタントの教団であるボヘミア同胞教団に育てられ、1616年、その牧師となりました。1618年、三十年戦争が起こり、ボヘミア同胞教団が解散を命じられたため、1625年、ポーランドに亡命しました。それから先、二度と祖国に戻ることなく、各地で亡命生活をしながら、多くの著作を著しました。1670年、アムステルダムで死去しました。

⑵ 『世界図絵』

コメニウスは、世界で初めての絵入り教科書である『世界図絵』を作りました。『世界図絵』は150の項目について、挿絵が描かれており、それを解説するという形で学習内容の説明がされています。例えば、世界の項目では、空や大地が書かれた絵に番号が振られていて次のように解説されています。

> **天**[1]は火、つまり星をもっています。／**雲**[2]は上空にただよっています。／**鳥**[3]が雲の下を飛んでいます。／**魚**[4]が水中を泳いでいます。／大地には**山**[5]、**森**[6]、**畑**[7]があり、**動物**[8]、**人間**[9]がいます。／このように世界という大きな身体は四つの**要素**から成り、居住者で満ちています（コメニウス　1995：30）。

このような教科書を作ったのは、コメニウスが教育で感覚を重視したからです。

⑶ 学識・徳性・敬神

コメニウスは、教育を体系的に記した『大教授学』を著しています。そこでは、汎教授方法が述べられています。汎教授方法は、普遍的教育を目指すものです。普遍的教育とは、「人間として生まれた者をひとり残らず（omnes qui homines nati sunt）人間としての・あらゆる資格に向かって（ad omnia humana）教育すること」（コメニウス　1965：109）です。コメニウスにとって学校は人間の製造所です。コメニウスによれば、「人間が生まれた時から負わされている注文は、Ⅰ．あらゆる事物を知る者（Rerum omnium gnarus）となり、Ⅱ．さまざまな事物と自分自身とを支配する者（Rerum et sui petens）となり、Ⅲ．万物の源泉である神に　自分自身とあらゆるものとをかえす者（ad Deum se et omnia referens）となれ、ということであります」(コメニウス　1966：63)。つまり、学識(知識)・徳性(道徳)・敬神（信仰）が教育の目的です。この三者は、生まれながら人間の中にその種子をもっています。この種子をいわば育ててやることが、学校や教育の役割になります。

⑷ 感覚主義・事物主義

コメニウスは、また、学習するさいに感覚による事物の認識を強調します（感覚主義・事物主義）。すなわち、「あらゆるものを〔学習者の〕できるだけ・多くの感覚にさらす（Omnia praesententur sensibus quotquot possunt）、ということが／教授者の黄金律（aurea Regula）にならなくてはなりません」（コメニウス　1965：9）とコメニウスは言い、「認識（cognitio）は、いつも必ず感覚から（a sensibus）始まらざるをえません」（コメニウス　1965：10）から、「学識は、事物を言葉で伝えること（Verbalis rerum enarratio）から始まるのではなく、事物そのものをよく見ること（Realis inspectio）から始まらなくてはいけないのではありませんか」（コメニウス　1965：10）と問いかけるのです。

2　ロック（John Locke, 1632-1704）

⑴ 生涯

ロックは、イングランド西南部サマセットシャー、リントンで生まれました。1652年、オックスフォード大学に入学し、その後、医学を修め免許を取りました。1667年から、シャフツベリー伯爵に、医師・家庭教師・外交秘書として仕えました。1683年、シャフツベリーが失脚すると、オランダに亡命しました。1689年、名誉革命によって帰国しました。その後政治活動を再び行ないました。

⑵ 白紙としての心

ロックは、『人間知性論』で、人間の心を白紙に例えています。「そこで、心は、言ってみれば文字をまったく欠いた白紙で、観念はすこしもないと想定しよう。どのようにして心は観念を備えるようになるのか。……（中略）……。これに対して、私は一語で経験からと答える（強調は原文）」（ロック　1972：134）。すなわち、ロックは、生得観念論（人間が生まれつき観念を心に持っているという考え）を否定し、経験論を確立しました。ロックの言う経験論とは、生まれたときの人間の心は白紙（タブラ・ラサ）のようなものであり、経験によって、観念がいわば心に書き込まれるという考え方です。

⑶　経験主義教育論

教育についてもロックは、『教育に関する考察』の結論で「……（前略）……、その息子は当時非常に幼かったので、わたくしはただ白紙、あるいは好きなように型に入れ、形の与えられる蜜蠟に過ぎないと考えました」（ロック　1967：333）と言います。つまり、教育も、経験が白紙に観念を書き込む、あるいは、経験がまだ形のない蜜蠟を型に入れ込むという意味で経験主義的です（経験主義教育論）。

⑷　紳士の教育

『教育に関する考察』は、「わがイギリス紳士階級に相応しい教育論」（ロック　1967：10）であって、紳士階級に属する人の教育論です。（別に貧民に対する教育もロックは示しています。それは増加する貧民対策として考案されたもので、「就労学校が各教区に設立されるよう、規定されるべきであります。教区の救済を要求する者すべての子供で、三歳以上一四歳未満の者は、親と同居して、貧民監督官からの給付による以外は生計のための雇用もない場合、就労学校へ行かねばなりません」（ロック　2007：45）とロックは言います）。

『教育に関する考察』で扱われる内容は多岐にわたっています。そのなかでも身体の健康・家庭教育・徳（育）が本書で特徴的です。「身体の健康について」（第１章）の冒頭で、「健全な身体に宿る健全な精神とは、この世における幸福な状態の、手短ではありますが意をつくした表現です」（ロック　1967：14）とロックが言うように、身体の健康は、健全な精神と並んで重視されます。具体的には、「戸外の充分な空気。運動と睡眠。あっさりした食事をしてブドウ酒、強いアルコール飲料を禁ずること。薬をごくわずかか全然飲まないこと。暖かすぎ、窮屈な衣服を着ぬこと。とりわけ頭と足を冷やし、足はしばしば冷水になれさせ、ぬらすこと」（ロック　1967：44-45）を守るべき規則として挙げています。

「家庭教育について」（第５章）では、「……（前略）……。子供たちが初めてものを言い始めるときから、周囲に慎重な、真面目な、否賢明な人をもつべきだということであって、その配慮によって子供を正しく育て、また子供をあらゆる悪、とくに悪い仲間に染まることから守るべきです」（ロック　1967：123-124）と述べられ、子どもを家庭で教育し、適切な家庭教師を採用する重要性が説かれています。

「徳について」（第17章）では、ロックは、「紳士なら誰しも（自分の子供の教育になにがしかの気を使っているならば）、自分の息子に残す財産以外に、息子のために望むものは、（想像するに）徳、分別、育ち、知識の四つに含まれています」（ロック　1967：213）と、さらに、「わたくしは、徳を一人前の男、あるいは紳士の天賦のうちで、第一の、もっとも必要なものと考えます」（ロック　1967：213）と述べ、徳の必要性を強調します。具体的には、「徳の基礎として、非常に早目に、子供の心に真の神の観念が植付けられていなくては」（ロック　1967：214）ならないこと、「子供にいつも正確に真実を言わすようにすること」（ロック　1967：218）を記し、「子供に他人を愛し、他人に親切にすることを早めに教えるのは、正直者になる真の基礎を早目に置くことであり、あらゆる不正は、過大な自己愛と、他人への愛情が過小なことに発するものです」（ロック　1967：218）と述べられます。

3　ルソー（Jean-Jacques Rousseau, 1712-1778）

⑴　生涯

ルソーは、スイスのジュネーブに時計職人の子として生まれました。家庭的にあまり恵まれず、他所にあずけられたり、徒弟をしたりしました。1728年、ジュネーブを去りヴァラン夫人のもとで保護され、1741年までそこに留まりました。1742年、音楽家として身を立てようとしてパリに出ました。1749年、ディジョン・アカデミーの懸賞論文に応募し、1750年、それが当選し、『学問芸術論』として出版されました。これによりルソーはフランス思想界で一躍有名になりました。1755年、『人間不平等起源論』を、1762年、『社会契約論』・『エミール』を発表しました。1778年、死去し、1794年、革命政府により遺骨がパンテオンに移されました。

⑵　教育目的としての自然人

ルソーは、社会をまだ所有しない人間を、自然状態にある人間、つまり、「自然人」とし、自然人の生き方を理想とします。「私は彼［自然人］が一本の柏の木の下で腹をみたし、小川を見つけるとすぐ喉(のど)の渇きをいやし、食事を提供してくれたその同じ木の根元に寝床を見つけるのを思い浮かべる」（ルソー　1933：42）と『人間不平等起源論』でルソーが言うように、自然人とは未開状態の人間です。自然状態では、争いや戦争がなく、皆が平等に暮らしています。『エミール』第一編の冒頭では、「万物をつくる者の手をはなれるときすべてはよいものであるが、人間の手にうつるとすべてが悪くなる」（ルソー　1962：23）と書かれ、社会が人間を悪くすることが論じられています。さらに、「自然の秩序のもとでは、人間はみな平等であって、その天職は人間であることだ。……（中略）……。わたしの生徒を、将来、軍人にしようと、僧侶(そうりょ)にしようと、法律家にしようと、それはわたしにはどうでもいいことだ。両親の身分にふさわしいことをするまえに、人間としての生活をするように自然は命じている」（ルソー　1962：31）。とルソーは記し、特定の社会的身分に捉えられない自然人、つまり、人間そのものを教育することを目指します。これがルソーの教育目的です。

⑶　子どもの発見

特定の身分に捉えられない教育をするのであれば、子ども自身がどのような存在であるか知らなければなりません。

> 人は子どもというものを知らない。子どもについてまちがった観念をもっているので、議論を進めれば進めるほど迷路にはいりこむ。このうえなく賢明な人々でさえ、大人(おとな)が知らなければならないことに熱中して、子どもにはなにが学べるかを考えない。かれらは子どものうちに大人をもとめ、大人になるまえに子どもがどういうものであるかを考えない（ルソー　1962：18）。

このように、当時は、いわば子どもは大きな大人であると考えられていました。それに対して、ルソーは、子どもは子ども独自の成長過程があり、それを考慮して教育しないとならないと考えたのです。これを「子どもの発見」と言います。

(4) 消極教育

ルソーの教育は自然人を育成することですから、その教育方法は自然に沿った教育になります。すなわち、「自然を観察するがいい。そして自然が示してくれる道を行くがいい」(ルソー 1962：42) とルソーは言います。教育方法が自然に沿ったものであれば、それは「消極教育」になります。消極教育といっても子どもを無責任に自由に放任することではありません。「人間がその生来の形を保存することを望むなら、人間がこの世に生まれたときからそれを保護してやらなければならない」(ルソー 1962：45) とルソーが述べるように、社会の悪から子どもをまもることが必要とされます。そして、「あなたはまず腕白小僧を育てあげなければ、かしこい人間を育てあげることにけっして成功しないだろう」(ルソー 1962：190) と記されるように、子どもの積極的な経験を見守り、支援することも重要です。

(5) 第2の誕生

『エミール』は、人間の成長に応じて五編からなっています。『教育思想事典』によればその内容は次のようにまとめられます。

第一編：純粋に感覚の段階にある子どもの心身の自由な活動の確保、第二編：感官の訓練としっかりした感覚を基礎とした感覚的理性の形成、第三編：感覚的理性を基礎とした知的理性の形成の準備、第四編：他者との道徳的関係、友情を通じた知的理性の形成、第五編：恋愛、同胞との公民的関係を通じた知的理性の形成 (教育思想史学会編 2017：806)。

このようにルソーは、子どもの発達段階を述べています。その中でも重要な発達段階の一つが、第四編で扱われる青年期です。「わたしたちは、いわば、二回この世に生まれる。一回目は存在するために、二回目は生きるために。はじめは人間に生まれ、つぎには男性か女性に生まれる」(ルソー 1963：5)。つまり人間が思春期をへて子どもから大人へ生まれ変わる時期です。これをルソーは「第２の誕生」と名付けています。

４　ペスタロッチ（Johann Heinrich Pestalozzi, 1746-1827）

⑴　生涯

ペスタロッチは、スイスのチューリッヒで生まれました。1771年にノイホーフと彼が呼んだ場所で農場の経営を始めました。しかし、凶作の影響もあり、1774年、農場経営は破綻しました。その年、ペスタロッチは、不幸な境遇の子どもを救済する貧民学校を開設しました。ところが、貧民学校は、1780年に経済的理由で閉鎖されました。その後、著作活動に専念し、ノイホーフでの体験をまとめた『隠者の夕暮れ』、その思想を小説にした『リーンハルトとゲルトルート』を執筆しました。1798年、ペスタロッチは、シュタンツで孤児院長になりました。孤児院も、また、半年で閉鎖されてしまいました。1799年、シュタンツでの教育体験をもとに『シュタンツ便り』を著しました。1800年、ブルグトルフに学校を開設しました。1801年、『ゲルトルートは如何にしてその子等を教うるか』を執筆しました。1804年、学校はミュンヘンブゼーとイヴェルドンに移転しました。そこでは教員養成も行なわれました。1825年、学校は閉鎖され、ペスタロッチは、『白鳥の歌』を著しました。その２年後、ブルックにて82歳で亡くなりました。

⑵　自然に沿った教育

ペスタロッチは、人間は平等であり、貧富の差なく等しく教育を受ける機会が保証されるべきだと考え、生涯を通じて特に貧しい人たちによりそった教育を行ないました。その姿勢は、『隠者の夕暮れ』の冒頭の「玉座の上にあっても木（こ）の葉の屋根の蔭に住まっても同じ人間」（ペスタロッチー　1993：7）という言葉によく表れています。

ペスタロッチが提唱したのは自然に沿った教育です。「高貴なる自然の道よ、汝が導きゆく目標である真理は、力であり、行ないであり、陶冶の源泉であり、人類の全本質の充実であり整調である」（ペスタロッチー　1993：10）。つまり、ペスタロッチにとって自然は、人間を真理に導くものであり、陶冶（教育）の源なのです。

⑶ 直観教授

このように自然に沿った教育を行なうにあたって、ペスタロッチの教育方法の核心は直観を用いた直観教授です。直観教授とは、『ゲルトルートは如何にしてその子等を教うるか』によれば、「すべての我々の直観［観］認識の明晰化の方法は、数［数］、形、及び語からはじまるという思想」（ペスタロッチ　1952：133）です。混乱した直観から明晰な概念へ学習が進みます。例えば、語については、発音の練習をする「発音教授」からはじまり、対象を命名する「単語教授」、対象を表現する「言語教授」へと進みます。このような教育の営みを彼はメトーデ（方法）と呼んでいます。

⑷ 生活が陶冶する

メトーデは、後に、基礎陶冶という理念に発展し、道徳教育や宗教教育が強調されます。ペスタロッチは、『白鳥の歌』で次のように言います。

> すべての真の道徳心と宗教心の神的に与えられた、永遠の、純粋な出発点と認められなければならない信仰と愛は、家庭関係における父心と母心に、したがって子どもの現実的な生活に、その合自然的発展と陶冶の根源を求められなければならないことは、疑う余地のないことである（強調は原文）（ペスタロッチー　1989：117）。

このように生活と教育が密接に結びついていなければなりません。すなわち、基礎陶冶の原則は「生活が陶冶する」なのです。

5　フレーベル（Friedrich Wilhelm August Fröbel, 1782-1852）

⑴ 生涯

フレーベルは、ドイツのオーベルワイスバッハで生まれました。林務官に弟子入りした後、1799年、イエナ大学に入り中退しました。1805年、建築家を目指しフランクフルト・アム・マインに行きました。そこで、ペスタロッチの信奉者であるアントングルーナーの勧めにより教師になりました。1806年と1808年から２年間、フレーベルはイヴェルドンのペスタロッチに師事しました。1816年、亡き兄の子どもの面倒をみるため、グリースハイムで、翌年からは、カイルハウで学校を開き、「一般ドイツ教育施設」と名づけました。ここでの経験をもとに、1826年、『人間の教育』を出版しました。1840年、世界初の幼稚園を設立しました。

(2)　万有在神論

フレーベルは、独自の形而上学を背景に教育学を構築しています。その中核は、主著である『人間の教育』に次のようにまとめられています。

> 全てのもののうちで、永遠の法則が留まっており、作用しており、支配している。それは、外界すなわち自然のうちでも、内界すなわち精神のうちでも、いつも明白であると同じく明確に、現れてきたのであり現れている……中略……。この全てを統べている法則の根底に、全てのものに働きかけ、自ら明白で、生き生きとしており、自覚しており、それゆえ永遠に存在する統一が、必然的にある(Fröbel 1863：1)。

さらに、フレーベルは、「この統一は神である」(Fröbel 1863：1) と言います。自然の中にも人間精神の中にも神性が宿っていて、その統一が神であるというのです。ここから、フレーベルは教育について、「自覚し思考し知覚する存在者としての人間を、自覚と自律をもって、内的本質、すなわち神性の純粋で傷つけられていない表現へと刺激し指導する営み、及び、それへの方法と手段を提示する営みが、人間の教育である」(Fröbel 1863：2) と定義します。つまり、教育とは、自己の中にある神性を表現することです。そして、その表現は、自然の中にある神性と統一され、最後には世界を超えた神と統一されます。すると、世界の中と外に神が存在することになります。このように世界に内在した神と世界を超越した神が併存する考え方を「万有在神論」といいます。

(3)　子どもの発達　遊戯・恩物・労作

フレーベルは、内界と外界との関わりを言語の機能から説明します。発達段階の第一は乳児期です。この段階は、言語形成以前の段階です。外界のあらゆる現象を、言語による文節を経ることなく内界に取り入れるのが乳児の営みです。発達の第二段階である幼児期です。幼児は、内界から外界への方向性が発達します。言葉が獲得されるのもこの時期です。幼児期で重要なのは遊戯です。「遊戯すること。遊戯は、幼児の発達、つまり、この時期の人間の発達の最高の段階である」(Fröbel 1863：33) とフレーベルは言います。そこで、フレーベルは、「恩物」という遊具を開発しています。恩物とは、ボールや積み木のような立方体・球などを、発達段階に応じて組み合わせた遊具です。第三の段階は、少年期です。この時期は、主に、外界を内的にする段階、すなわち学習の段階です。フレーベルによれば、少年期の教授は、言葉と実例との両者が一体となって行なわれなければなりません。少年期は、言語と実例によって、少年が外界を内界に摂取することにその中心があります。この時期の人間から自然への働きかけに関わる営みとして、フレーベルは、勤労したり作業したりという「労作」をあげます。労作教育の例として、フレーベルは、少年期の子どもに関して、「この時期に、重要で、特別に重要であるのは、自分の庭園を世話すること、生産を目的として、それの世話をすることである」(Fröbel 1863：75) と述べ、庭園の世話が重要であることを指摘しています。

6　ヘルバルト (Johann Friedrich Herbart, 1776-1841)

(1)　生涯

ヘルバルトは、ドイツのオルテンブルグに生まれました。1794年、イエナ大学に入学しました。そこでは、フィヒテから哲学の教育を受けました。1797年、シュタイガー家の家庭教師になりました。この時の経験が彼を教育学研究に向かわせました。1799年、ブルグドルフのペスタロッチを訪れました。これにより大きな影響を受け、『ペスタロッチの直観のABC』などを著しました。1802年から1809年、ゲッチンゲン大学で、私講師・員外教授を務めました。その間に、『一般教授学』等の著作を発表しました。1809年、ケーニヒスベルグ大学に、カントの後任として着任しました。卒中のため死去しました。

⑵　管理と訓練

ヘルバルトは、教育方法を心理学に、教育内容を実践哲学（倫理学）に求め、教職を科学として樹立しようとしました。『一般教育学』で、ヘルバルトは、管理・教授・訓練という教育の概念を論じています。管理とは「授業時間に平静と秩序を維持することや、教師を無視しているようなあらゆる徴候を除去すること」（ヘルバルト　1976：192）です。つまり、こどもが熱心に授業に集中するよう配慮することです。訓練とは、強固な道徳的品性を育成する道徳性の陶冶、すなわち道徳教育です。管理と訓練は、子どもの心情に直接的に働きかける教育です。

⑶　四段階教授説

教授は、教材を通じて子どもに間接的に教育します。目指すのは、思想界の陶冶、つまり知識の習得です。ヘルバルトは教授の実践に四つの段階があると説明しています。それは、明瞭・連合・系統・方法の四段階です。四段階は、専心と致思に関わります。

専心とは、学ぶ対象に「全く没入しなければならない」（ヘルバルト　1976：67）、すなわち、それ以外のことは置いておいて集中しなければならないということです。致思については、「まず一つの専心が、次に他の専心が続き、次いで致思においてそれらの結合がなされるべきである」（ヘルバルト　1976：68）とヘルバルトは述べます。要するに、バラバラの専心が、致思でまとめられ結合されるのです。

明瞭については、「静止的専心は、もしもそれが純粋であるなら個々の物を明瞭に見る（強調は原文）」（ヘルバルト　1976：70）と言われます。つまり、明瞭とは静止的専心であり、専心する対象をはっきりと認識することです。連合については、「専心の他の専心への前進は表象を連合する（強調は原文）」（ヘルバルト　1976：70）とヘルバルトは記します。すなわち、連合は運動的専心であり、専心が想像によって次の専心へと進んでいくときには、その専心が連合されるのです。系統については、「静止的致思は多数のものの関係を見る。［……中略……］豊富な致思の豊富な秩序を系統とよぶ（強調は原文）」（ヘルバルト　1976：70）と言われます。これは、静止的致思であり、連合されたものを体系化することです。方法については、「致思の前進は方法である。それは系統を発展し、その新しい分節を生産し、その徹底的な応用を喚起する（強調は原文）」（ヘルバルト　1976：71）とヘルバルトは述べます。これは、運動的致思であり、系統されたものを、発展させたり、他のものに応用したりする段階です。

第３節　現代の教育思想

１　デューイ（John Dewey, 1859-1952）

⑴　生涯

デューイは、バーモント州で生まれました。1875年にバーモント大学に入学し、1879年に大学を卒業したあと、二年間、ハイスクールで教師をし、1821年に小学校で教師をしました。1882年、ジョン・ホプキンズ大学の大学院に入学し、1884年ミシガン大学の哲学の講師に就任しました。1886年、ミシガン大学助教授に、1888年、ミネソタ大学教授に、1889年、ミシガン大学教授に就任しました。1894年、シカゴ大学に、哲学、心理学、教育学の主任教授として招かれました。1896年には、「実験室学校」としてシカゴ大学附属小学校を開設し、1899年、三年間の実験の報告を行ないました。その講演をもとに、1900年に『学校と社会』が出版されました。1904年、コロンビア大学に哲学教授に就任しました。1916年、『民主主義と教育』が出版されました。『公衆とその問題』が出版されました。ニューヨークで死去しました。

⑵　民主主義を目指す教育

デューイは『民主主義と教育』で、「民主主義的社会は、外的権威の原理を否定するので、それは、自発的性向と興味のうちにその代わりとなるものを見いださなければならない。つまり、これらは、教育によってのみ創造されることができる。しかし、もっと深い説明がある。民主主義は統治の形態以上のものである。つまり、それは、第一に、結合した生活の一様態であり、共同の、コミュニケートがなされた経験の一様態である」（Dewey 2004：83）と述べます。つまり、デューイの教育学は、民主主義の構成員を育成することを目指しています。

デューイは民主主義を、「社会的観念としての民主主義」と「統治制度としての政治的民主主義」との二つに区別します。「統治制度としての政治的民主主義」は、選挙などで「公職者」を選び、その行為を規制する制度です。これは今日実現しています。「社会的観念としての民主主義」はかつての共同社会の理想を追求したものです。共同社会とは、その構成員が対面的な関係を持ち、「直接的に、かつ、自覚するという仕方で、愛情と信念の両方を共有していた」（Dewey 1991：97）社会です。ところが、このような民主主義はまだ実現されていません。デューイは目指すのは、このような「社会的観念としての民主主義」の構成員の育成です。

⑶　小さな共同社会としての学校

学校教育は、子どもの成長を目的として行なわれます。ただし、デューイは、民主主義の構成員を育成する観点からすると、個人の成長のみを目的としただけでは不十分であると言い、社会的観点から学校がいかにあるべきかを考慮しないと民主主義は破壊されてしまうと述べます。そこで、民主主義の構成員を育成する学校は、「萌芽的共同社会生活」（Dewey 1990：29）にならなければならないとデューイは述べます。「萌芽的共同社会生活」とは、「より大きな社会の生活を反映したタイプの仕事でもって活発であり、芸術、歴史、科学の精神が至る所に広まった」（Dewey 1990：29）社会生活です。しかし、デューイは学校が実際にはこのようになっておらず、このような役割を今日ますます果たす必要性を指摘します。そこで、デューイは、「萌芽的共同社会生活」を形成するために、社会で行なわれている「仕事」を学校教育に導入し、学校が小さな共同社会にならなくてはならないと指摘しています。

⑷　教育のコペルニクス的転回

デューイは、伝統的教育、すなわち、旧教育の典型的特徴を次のように説明します。すなわち、授業を聞くことが重視された「態度の受動性」

(Dewey 1990：34)、子どもを集合体として一まとめに扱う「子どもの機械的集団化」(Dewey 1990：34)、「カリキュラムと方法の画一性」(Dewey 1990：34) です。そして、「それ［旧教育］は、重力の中心が子どもの外側にあると言うことによって要約できるだろう」(Dewey 1990：34) と指摘します。このような旧教育に対して、デューイが新たに構想する教育とは次のようなものです。

> 今や、我々の教育に及びつつある変化は、重力の中心の移動である。それは、変化であり革命であって、天文学の中心が地球から太陽に移動したとき、コペルニクスによって導入されたのと違ったそれらではない。この場合、子どもは、その周りを教育の装置が回転する太陽になる。子どもは、それを巡って教育の装置が組織される中心である (Dewey 1990：34)。

つまり、教育の中心が、子どもの外部から、子ども自身へと変化する「教育のコペルニクス的転回」というべき変化が必要であるとデューイは主張しています。デューイの教育思想が「児童中心主義」に分類される場合があるのもこういった考え方によるものです。

(5) 衝動・興味の利用

学校で子どもの生活を中心とするためには、デューイによれば、子どもの、「衝動」とそれから生じる「興味」から教育を始める必要があります。しかし、これは、「衝動」・「興味」をほしいままに子どもに出させて、子どもを放任することではありません。デューイによれば、教育的に重要なのは、「子どもにまず衝動を表現させ、次いで、批判、質問、示唆を通じて、かれが行なってきたこと、かれが行なう必要のあることの意識に導くこと」(Dewey 1990：40) です。「衝動」・「興味」を指導によって方向づけることが必要なのです。デューイは、「学校で利用できる衝動」(Dewey 1990：43) を大きく分けて次の四つに分類しています。第一は、「会話、個人的交際、コミュニケーションで示されるような子どもの社会的本能」(Dewey

1990：44）です。第二は、「制作の本能、すなわち、構成的衝動」（Dewey 1990：44）です。第三は、「研究（investigation）の本能」であって、第四は、「子どもの表現的衝動、すなわち、芸術的衝動」（Dewey 1990：47-48）です。こうした四つの衝動から発する興味を学校で利用するのが重要なのです。

2　ボルノー（Otto Friedrich Bollnow, 1903-1991）

(1)　生涯

ボルノーは、北ドイツの都市シュテッテーン（現ポーランド領）に生まれました。1925年ゲッティンゲン大学で理論物理学の博士の学位を取りました。その後、哲学と教育学に転向し、1931年、哲学及び教育学の大学教授資格をえました。1953年、テュービンゲン大学の教授となりました。

(2)　教育における連続的形式と非連続的形式

ボルノーは、『実存哲学と教育学』で、伝統的な教育概念を二つに分けます。一つは、機械的（手細工的）教育概念であり、「手細工人が、まえもっていだいている計画にしたがって、まえもってあたえられている材料をつかって、適当な道具をもちいて、品物をつくりだすように、教育者もまた、かれの心にうかぶ目標にむかって、かれにゆだねられた人間を、一定の仕方で形成する」（ボルノー　1966：20）というものです。もう一つは、有機的教育概念であり、「人間は、随意に形成されるべき素材では決してなく、内部から、自己に固有な法則にしたがって、自己自身のうちに設定された目標に向かって発達する」（ボルノー　1966：21-22）というものです。ボルノーによれば、「両者に共通な点は、連続的な構成によって、あるいは、連続的な発展をふんで、いずれにせよ漸次的な改造によって、人間を教育することができるという前提である」（ボルノー　1966：23）といいます。これらは人間の発達が連続していることを前提とした教育概念です。これに対して、人間を自由な主体としてみなし、人間は決断によって非本来的な自己から本来的な自己へと転換するという実存哲学に基づいて、ボルノーは、教育概念を拡張することを目指します。つまり、連続的にではなく、突然一気に成長が起こるという教育概念です。これは「非連続的形式」の教育概念です。「非連続的形式」の教育概念のために、ボルノーが提唱したのが、危機・覚醒・訓戒等という概念です。

⑶　危機

「危機」についてボルノーは次のように説明します。「危機においては、つねに、正常な生活過程の攪乱が問題であること、かかる攪乱の特色は、突如として現れることと、なみはずれた強さを有することであるということ、かかる攪乱によって、生活の存続は、一般に、危険にさらされるようにみえること、そして、危機を通りぬけることによって、最後には、あたらしい均衡状態があらわれること、などである」（ボルノー　1966：39）。このように危機は生活を中断する停滞、すなわち、非連続性です。危機に陥った時、「人はただ危機を突破することによってのみ、かかるあたらしい生へ達することができる」（ボルノー　1966：50）とボルノーは主張します。換言すると、「危機をのがれようとする試みは、かならず、人間生活を非決定性・非本質性におちいらせるところまでみちびくということ、これにたいして、逆に、危機を勇敢にたえぬけば、他の方法では達しえないような人間生活の純化と更新が果たされる」（ボルノー　1966：55）のです。このような意味で、「危機はじっさい、必然的に人間生活の本質にぞくし、完成のより高次の段階は、原理的にいって、危機を切り抜けることによってのみ到達しうる、と推断してよかろう」（ボルノー　1966：55）とボルノーは述べます。

⑷　覚醒

「覚醒」について、ボルノーは、「覚醒とは、かならず、あきらかな意識へのめざめ、したがって、かかるあきらかな意識の欠けている状態からのめざめ、眠りからのめざめである」（ボルノー　1966：68）と記します。これは、「非本来的な状態から本来的な状態へのめざめ」（ボルノー　1966：69）です。教育での覚醒について、ボルノーは、「態勢的に存在したものの現実化」であり、「ただ教育者の外から介添えする助力によってのみ、可能となる」のであり、「いつも苦痛を伴う出来事」であり、「非本来的な状態から本来的な状態への徹底的な転回と結びついて」おり、「一回性」

のものであると説明しています（ボルノー　1966：81-82）。

⑸　訓戒

ボルノーは訓戒について、「おそらく訓戒において、このような教育の非連続的形式のもっとも単純な例を、じかにもつとさえいえよう」（ボルノー　1966：95）と言います。訓戒は、叱責とは、次の点で異なります。

> しかしながら、叱責が以前の態度の結果としてすでに動かすことのできない一定の事実にかかわり、それへ呼びかけることは、ただ同時に暗々裏におこなわれるにすぎないのにたいして、訓戒は、実現されるべき目標にたいしてはするどい注意をはらうが、克服されるべき状態のことはただ漠然と念頭におくにすぎない。つまり、訓戒は、はっきりと前向きなのである。そうかといって、実際上、叱責と訓戒という両形式が密接にかかわることは、排除されるわけではない。過去の態度のゆえになされる叱責は、未来への訓戒とともにおわり、反対に、訓戒は、叱責にあたいする過去を参照することから、根拠づけを得る（ボルノー　1966：100）。

つまり、訓戒は「過去に対しての賠償請求」（ボルノー　1966：101）であり、「訓戒はどのような存在に向けられるかというと、自己のあるべきあり方にたいして遅れをとる可能性をもち、そのため、あたらしいスタートにさいして、おこたったことを挽回しなければならない負い目が生ずるような、そういう存在にたいして向けられるのである（強調は原文）」（ボルノー　1966：101-102）と言われるのです。ただし、ボルノーは、「陶冶が語られるとき、訓戒が入りこむことはゆるされない」（ボルノー　1966：120）と述べ、連続的形式の教育には訓戒はなじまないと論じます。なぜなら、「訓戒にとってふさわしい領域は、陶冶の可能性がやむところに、はじめてはじまるのである。もっとも心の内なる道徳的領域にかんしては、とくにそうである」（ボルノー　1966：121）からです。このような意味で、訓戒は、連続的形式ではなく、非連続的形式の教育概念です。

3　イリイチ（Ivan Illich, 1926-2002）

⑴　生涯

イリイチは、オーストリアのウィーンで生まれました。1956年から1960年まで、プエルト・リコのカトリック大学で副学長を務めました。1961年、メキシコに移り、国際文化形成センター（CIF）を設立し、1966年、それを国際文化資料センター（CIDOC）に改組しました。ドイツのブレーメンで死去しました。

⑵　「価値の制度化」としての「学校化」

イリイチは、『脱学校化社会』で、学校が「学校化」されている現状を説明します。

> 多くの学生達、特に貧しい学生達は、学校が自分達に何をするのか直観的に知っている。それら［学校］は、過程と実質を混同させるようかれらを教育する［学校化する］。一度これら［過程と実質］があいまいになると、新しい論理がとられる。すなわち、手をかければかけるほど、結果がよくなるとか、あるいは、段階的に増大させれば成功するとかいう論理である。これによって、「学校化される」と、生徒は教授を学習と、進級を教育と、卒業証書を能力と、雄弁を何か新しいものを話すことができる能力と混同するようになる。かれの想像力も「学校化される」のであって、価値の代わりにサービスを受け取るようになる（Illich 2002：1）。

このように「学校化」では、目的としての実質や価値と、それを実現する手段としての過程やサービスが混同されてしまいます。そして、手段が目的より重視されます。このような事態をイリイチは「価値の制度化」と呼びます。ここから、イリイチは目的が真に実現する学校制度が必要であると主張します。

⑶　脱学校化

そのために行なわれるのが「脱学校化」です。しかし脱学校化と言っても、学校を廃止するとイリイチは主張するのではありません。イリイチは、『イヴァン・イリイチとの対話』で、「しかし、私が言おうとする脱学校化は、学校の非公立化であった。私は決して、学校を廃止したいのではない（強調は原文）」（Cayley 2007：64）と述べています。イリイチは、例えば、学校の次の点を批判しています。

⑷　義務的就学・社会的役割配分の独占

イリイチは、「義務的就学は、必ず社会を分極化する」（Illich 2002：9）と論じます。つまり、義務的就学によって、社会は平等になるどころか、格差が拡がるとイリイチは判断しています。また、学校には社会的役割の配分の機能があるとイリイチは批判します。「学校制度は、チャンスを平等にするのではなく、その配分を独占してきているのである」（Illich 2002：12）と言い、学校による社会的役割配分の「独占」を批判しています。

⑸　偶然の学習

学習は、学校のカリキュラムに沿ってのみ正当に行なわれるという考え方があります。しかし、イリイチは、「ほとんどの学習は偶然に起こり、そして、ほとんどの意図的学習でさえ、計画的な教授の結果ではない」（Illich 2002：12）と明言します。むしろ、イリイチは、反復練習による授業に注目します。つまり、「ほとんどの技能は反復練習によって獲得され向上されることができる」（Illich 2002：17）と言います。

⑹　新しい教育制度

これまでの学校になかった新しい制度としてイリッチは第一に、「教育的対象へのレファレンスサービス」をあげています。これは、学習者に必要な教材を案内し、学習者が教材を利用するのを促進するものです。第二は、「技能交換」です。これは、人々がもつ特別な技能を教え合うことを支援する制度です。このために、コンピュータを用いた「仲間選び」、教育を施すことができる人をさがす「教育者全体へのレファレンスサービス」が必要であるとイリイチは述べています。

参考・引用・紹介文献

アウグスティヌス（1979）『アウグスティヌス著作集　第二巻』茂泉昭男訳，教文館

アリストテレス（2014）『アリストテレス全集15　ニコマコス倫理学』神崎繁訳，岩波書店

―――.（2018）『アリストテレス全集17　政治学　家政論』神崎繁ほか訳，岩波書店

イリイチ（1977）『脱学校の社会』東・小澤訳，東京創元社）

岩崎武雄（1975）『西洋哲学史（再訂版）』有斐閣

教育思想史学会編（2017）『教育思想事典』，勁草書房

コメニウス（1995）『世界図絵』井ノ口淳三訳，平凡社

―――.（1966）『大教授学１』梅根・勝田監修，鈴木秀勇訳，明治図書

―――.（1965）『大教授学２』梅根・勝田監修，鈴木秀勇訳，明治図書

ディオゲネス・ラエルティオス（1984）『ギリシア哲学者列伝（上）』加来彰俊訳，岩波書店＜文庫＞

プラトン（1964）『ソクラテスの弁明　クリトン』久保勉訳，岩波書店＜文庫＞

―――.（1966）『テアイテトス』田中美知太郎訳，岩波書店＜文庫＞

―――.（1994）『メノン』藤沢令夫訳，岩波書店＜文庫＞

―――.（2009）『国家（上）』藤沢令夫訳，岩波書店＜文庫＞

―――.（2008）『国家（下）』藤沢令夫訳，岩波書店＜文庫＞

ペスタロッチ（1952）『ペスタロッチ全集第３巻，ゲルトルートは如何にしてその子等を教うるか・学園講演集』鯵坂二夫・西本忠俊訳，玉川大学出版部

ペスタロッチー（1989）『隠者の夕暮れ・白鳥の歌・基礎陶冶の理念』東岸克好・米山宏訳，玉川大学出版部

―――.（1993）『隠者の夕暮れ・シュタンツだより』長田新訳，岩波書店＜文庫＞

ヘルバルト（1976）『一般教育学』三枝孝弘訳，明治図書

ボルノー（1966）『実存哲学と教育学』峰島旭雄訳，理想社

村井実（1984）「ソクラテス」『教育思想史第Ⅰ巻　ギリシア・ローマの教育思想』上智大学中世思想研究所編集，東洋館出版社

藪内聡和（2016）「理想的民主主義社会を実現する学校制度 ―デューイの政治論と学校論」『日本文理大学紀要』第44巻第１号

―――.（2016）「脱学校化社会と教職の意義 ―イリイチの『脱学校化社会』をめぐって―」『日本文理大学紀要』第44巻第１号

ルソー（1933）『人間不平等起源論』本田喜代治・平岡昇訳，岩波書店＜文庫＞

―――.（1962）『エミール（上）』今野一雄訳，岩波書店＜文庫＞

———. (1963)『エミール（中）』今野一雄訳，岩波書店＜文庫＞
ロック（1967)『教育に関する考察』服部知文訳，岩波書店＜文庫＞
———. (1972)『人間知性論（一)』大槻春彦訳，岩波書店＜文庫＞
———. (2007)『ロック政治論集』山田園子・吉村伸夫訳，法政大学出版局

Cayley, David. 2007. *Ivan Illichi In Conversation.* Tronto: House of Anansi Press Inc. (Orig. pub. 1992.)（邦訳　デイヴィッド・ケイリー編（2005)『生きる意味―「システム」「責任」「生命」への批判』，藤原書店）

Fröbel, F. (1863) *Friedrich Fröbel's gesammelte pädagogische Schriften,* Zweiter Band. hrsg. v. W. Lange, Berlin.（邦訳　フレーベル『人間の教育（上)』(1964）荒井武訳，岩波書店＜文庫＞ フレーベル『人間の教育（下)』(1964）荒井猷訳，岩波書店＜文庫＞）

Illich, Ivan. 2002. *Deschooling Society.* London: Marion Boyars Publisher Ltd. (0rig. pub. 1970.)

Dwey, John. 1990. *The School and Society and The Child and the Curriculum.* Chicago: The University of Chicago Press. (Orig. pub. 1956.)（邦訳　デューイ（1957)『学校と社会』宮原誠一訳，岩波書店＜文庫＞）

———. 1991. *The Public and Its Ploblems.* Athens: Swallow Press/Ohio University Press. (Orig. pub. 1927.)（邦訳　デューイ（2014)『公衆とその諸問題：現代政治の基礎』阿部齊訳，筑摩書房＜ちくま学芸文庫＞）

———. 2004. *Democracy and Education.* New York: Dover Publications, Inc. (Orig. pub. 1916.)（邦訳　デューイ（1975)『民主主義と教育（上)』松野安男訳，岩波書店＜文庫＞ デューイ（1975)『民主主義と教育（下)』松野安男訳，岩波書店＜文庫＞）

引用者による注は、ブラケット（[　]）で示しました。

第３章　道徳教育の目的と理念

近代国家では、公教育は教育関連法に基づいて行なわれます。そこでは、一般に、「国民教育」と「地球市民教育」の２つが同時並行的に進められます。どちらの場合にも欠かせないのが道徳教育です。では、道徳教育はどんな歩みを経て今日のようになったのでしょう。

第１節　道徳教育の歴史

1　戦前の道徳教育

⑴　学制

1872（明治５）年、「学制」が頒布され、日本の近代教育が始まりました。学制では「学問は、人間にとって必須のものであり、それは自らの身を立てる元であるがゆえに、皆が学校に通うこと」（江島　2016：4）が述べられています。戦前の道徳教育は「修身」と呼ばれます。この時の制度では、小学校の下等小学で、修身口授（ぎょうぎのさとし）として修身が教えられました。その内容は、欧米の倫理書の翻訳が中心でした。1879（明治12）年、教学聖旨（きょうがくせいし）が天皇の名で出されました。これは天皇の侍講である儒学者、元田永孚（もとだながざね）が起草したものです。その内容は、教育の過度の西洋化を戒め、教育は儒教をよりどころにしなくてはならないというものです。

⑵　教育令と新教育令

1879（明治12）年「学制」は廃止され、「教育令」が制定されました。これは、「自由民権運動」と結び付けられて「自由教育令」いわれます。ここで、修身は教科の最後に位置付けられました。学制が中央集権的であったのに対し教育令は地方分権的な性格を持ちました。しかし、小学校への入学者が減少するなど､教育を衰退させるものと批判されました。そこで1880（明治13）年、改正した教育令が制定されました。これは「改正教育令」とよばれます。改正教育令は再び中央集権的な性格をもちました。そして、修身は教科の筆頭に位置付けられ、教科のなかで最も重視されることになりました。修身の内容としては、忠君愛国（天皇に忠誠を誓い国を愛する）を中心とした儒教的徳目を教えることになりました。

⑶　教育勅語

こうした儒教的な教育の延長として、1890（明治23）年に「教育に関する勅語」いわゆる「教育勅語」が発布されました。教育勅語は、次のような文書です。

教育ニ關スル敕語
朕惟フニ我カ皇祖皇宗國ヲ肇ムルコト宏遠ニ德ヲ樹ツルコト深厚ナリ
我カ臣民克ク忠ニ克ク孝ニ億兆心ヲ一ニシテ世々厥ノ美ヲ濟セルハ此
レ我カ國體ノ精華ニシテ教育ノ淵源亦實ニ此ニ存ス
爾臣民父母ニ孝ニ兄弟ニ友ニ夫婦相和シ朋友相信シ恭儉己レヲ持シ博
愛衆ニ及ホシ學ヲ修メ業ヲ習ヒ以テ智能ヲ啓發シ德器ヲ成就シ進テ公
益ヲ廣メ世務ヲ開キ常ニ國憲ヲ重シ國法ニ遵ヒ一旦緩急アレハ義勇公
ニ奉シ以テ天壤無窮ノ皇運ヲ扶翼スヘシ是ノ如キハ獨リ朕カ忠良ノ臣
民タルノミナラス又以テ爾祖先ノ遺風ヲ顯彰スルニ足ラン
斯ノ道ハ實ニ我カ皇祖皇宗ノ遺訓ニシテ子孫臣民ノ倶ニ遵守スヘキ所
之ヲ古今ニ通シテ謬ラス之ヲ中外ニ施シテ悖ラス朕爾臣民ト倶ニ拳々
服膺シテ咸其德ヲ一ニセンコトヲ庶幾フ

明治二十三年十月三十日
御名御璽

教育勅語の内容は、修身科だけでなく、全ての教育で徹底されました。

文部省は、この謄本をすべての学校に配布し、式日での奉読を義務づけました。

2　戦後の道徳教育

⑴　修身の廃止と「教育勅語」の失効

1945（昭和20）年８月15日、日本は無条件降伏の勧告を受け入れ、太平洋戦争が終わりました。GHQ（連合国総司令部）は、同年、12月31日、「修身、日本歴史及ビ地理停止ニ関スル件」という指令を出しました。これによって修身は禁止されました。これは、修身が「修身、日本歴史及ビ地理停止ニ関スル件」によれば「軍国主義的及ビ極端ナ国家主義的観念」を教育に利用したからです。1947（昭和22）年、教育基本法と学校教育法が発布されました。1948（昭和23）年、衆議院で「教育勅語等の排除に関する決議」が、参議院で「教育勅語等の失効確認に関する決議」が決定されました。

⑵　道徳の時間の設置と教科化

1958（昭和33）年、３月15日の教育課程審議会答申「小学校・中学校教育課程の改善について」で、小学校・中学校で週１回の「道徳の時間」が設置されることになりました。この「道徳の時間」は教科ではなく、教科書もなく、指導は担任が行ないました。2002（平成14）年４月、文部科学省は、『心のノート』を小学校・中学校に無料で配布しました。心のノートは検定を受けた教科書ではなく、「自分を見つめ、考えたことを書きとめたり、友達や先生、保護者と話し合ったりするなどして」（浪本ほか 2010：98）活用するものでした。

文部科学省は、2015（平成27）年３月、小学校・中学校の「道徳」の時間を「特別の教科である道徳」としました。小学校では2018（平成30）年度から，中学校では2019（平成31）年度から「特別の教科　道徳」（道徳科）が始まりました。教科化によって、検定教科書が使用されるようになりました。また、評価が確実に行なわれるようになりました。

第２節　我が国の道徳教育の目標

『中学校学習指導要領（平成29年告示）解説　特別の教科　道徳編』にしたって我が国の道徳教育の目標を考察しましょう。

中学校学習指導要領「第１章 総則」の「第１ 中学校教育の基本と教育課程の役割」の２の(2)の２段目には次のように記されています。

> 学校における道徳教育は，特別の教科である道徳（以下「道徳科」という。）を要として学校の教育活動全体を通じて行うものであり，道徳科はもとより，各教科，総合的な学習の時間及び特別活動のそれぞれの特質に応じて，生徒の発達の段階を考慮して，適切な指導を行うこと。

ここで重要なのは、道徳教育は道徳科だけで行なうものではなく、「学校の教育活動全体」を通じて行なうことです。すなわち、国語や社会等の教科、総合的な学習の時間、特別活動など全ての学校で行なわれる教育活動を通じて道徳教育は実施されるのです。これを全面主義の道徳教育と言います。道徳科は、扇の要ように、学校の教育活動全体で行なわれた道徳教育をまとめる役割があります。つまり、「道徳科は、各活動における道徳教育の要として、それらを補ったり，深めたり，相互の関連を考えて発展させたり統合させたりする役割を果たす」（文部科学省　2018：8）という、補充・深化・統合という役割があります。

道徳科の目標は次のようなものです。

> 第１章総則の第１の２の(2)に示す道徳教育の目標に基づき，よりよく生きるための基盤となる道徳性を養うため，道徳的諸価値についての理解を基に，自己を見つめ，物事を広い視野から多面的・多角的に考え，人間としての生き方についての考えを深める学習を通して，道徳的な判断力，心情，実践意欲と態度を育てる。

道徳性を養うことが道徳教育です。道徳性とは道徳的性格のことです。我が国の学校教育で道徳性とは、「自己の生き方を考え、主体的な判断の下に行動し、自立した一人の人間として他者と共によりよく生きるための基盤となる道徳性」（文部科学省　2018：8）と説明されます。中学校学習指導要領には、道徳性を養うために、「道徳的な判断力，心情，実践意欲と態度を育てる」（文部科学省　2018：13）と記載されています。道徳的判断力とは、「それぞれの場面において善悪を判断する能力」（文部科学省　2018：17）です。ある行為が善いか悪いかを判断できる能力です。道徳的心情とは、「道徳的価値の大切さを感じ取り、善を行なうことを喜び、悪を憎む感情」（文部科学省　2018：18）です。道徳とは大切なことであり、善いことを行ないたいと思い、悪いことは行ないたくないと思う感情です。道徳的実践意欲と態度とは、「道徳的判断力や道徳的心情によって価値があるとされた行動をとろうとする傾向性」（文部科学省　2018：18）です。道徳的実践意欲は、「道徳的判断力や道徳的心情を基盤とし道徳的価値を実現しようとする意志の働き」（文部科学省　2018：18）です。道徳的に善いことを行ないたいという意志の働きです。道徳的態度は「それらに裏付けられた具体的な道徳的行為への身構え」（文部科学省　2018：18）です。道徳的に善いことを行なおうとして行なえるという態度です。

例えば、電車で高齢者に席を譲ろうとする場合、席を譲るのが善い行為であるということが分かり、譲りたいという感情になり、譲ろうという勇気が生じ、実際に席を譲れるというのが道徳性です。

第３節　我が国の道徳教育の内容

道徳教育の内容は22項目にまとめられています。それは次の四つの視点に分けられています。

A　主として自分自身に関すること

B　主として人との関わりに関すること

C　主として集団や社会との関わりに関すること

D　主として生命や自然、崇高なものとの関わりに関すること

これについては次のように説明されます。

「A　主として自分自身に関すること」は，自己の在り方を自分自身との関わりで捉え，望ましい自己の形成を図ることに関するものである。「B　主として人との関わりに関すること」は，自己を人との関わりにおいて捉え，望ましい人間関係の構築を図ることに関するものである。「C　主として集団や社会との関わりに関すること」は，自己を様々な社会集団や郷土，国家，国際社会との関わりにおいて捉え，国際社会と向き合うことが求められている我が国に生きる日本人としての自覚に立ち，平和で民主的な国家及び社会の形成者として必要な道徳性を養うことに関するものである。「D　主として生命や自然，崇高なものとの関わりに関すること」は，自己を生命や自然，美しいもの，気高いもの，崇高なものとの関わりにおいて捉え，人間としての自覚を深めることに関するものである（文部科学省　2018：20）。

中学校学習指導要領の内容項目は例えば次のようになります。

A　主として自分自身に関すること

［自主，自律，自由と責任］

自立の精神を重んじ，自主的に考え，判断し，誠実に実行してその結果に責任をもつこと。

紙幅の都合上、内容項目については中学校学習指導要領を参照して下さい。

第４節　道徳性の発達

1　ピアジェの道徳性発達理論

道徳教育は道徳性を養うことです。つまり、道徳性は発達してゆきます。ピアジェ（Jean Piaget, 1896-1980）は、「すべての道徳は規則の体系から成立つ(ママ)ており、すべての道徳の本質は個人がこれらの規則に対してどれほど尊敬しているかというところに求められるべきである」（ピアジェ　1977：1）と考えます。ピアジェは、子どもの道徳性の発達を調べるため、子どもがゲームをするなかで、規則に対してどのように反応するかを調査しました。ピアジェはマーブルゲームという遊びを子どもに行なわせました。そして、規則の実践と規則の意識という観点から子どもの道徳的発達段階を導き出しました。

規則の実践の第一段階は、「子供は彼自身の願望の指図のままに、また運動的習慣によって、マーブルを取り扱う」のであり、「真の集団的規則については何もいうことは出来」ません（ピアジェ　1977：18-19）。第二段階は、「二歳から五歳の間のいつかにはじま」り、「**自己中心的**（強調は原文）」であり、「遊び仲間を見いだそうとせずひとりで遊ぶか、あるいは他の子供と遊んでもそれに勝とうとはしないか」（ピアジェ　1977：19）です。そして、「何ら規則を制定しようなどとは思わない」（ピアジェ　1977：19）のです。第三段階は、「七、八歳の間にあらわれる」「**初期共同**の段階（強調は原文）」です（ピアジェ　1977：19）。「この時期の各遊戯者は仲間に勝つようにつとめる」けれども、「規則一般の観念は漠然として」います（ピアジェ　1977：19）。第四段階は、「十一歳から十二歳にかけて」あらわれ、これは「規則の制定化の段階」です（ピアジェ　1977：19）。「この段階に於いては彼らは真に規則を尊重するようになる。単に勝負におけるあらゆる手続きが詳細に規定されるばかりではなく、守られるべき規則の実際の法典は、仲間全体の知るところとなる」（ピアジェ　1977：19）のです。

規則の意識の第一段階は、規則は「純粋的に運動的であるからか」、「興味ある例としていわば無意識的に受容されるから、まだ強制的でない」のです（ピアジェ　1977：20）。第二段階は、「規則は大人から発生し、永続的のものであるから、神聖にして侵すべからざるものだと考えられ、修正してみてはどうかといつ(ママ)て見ても、子供はそれを違反だと考える」（ピアジェ　1977：20）のです。第三段階では、「規則は相互の同意に基づく法則だと考えられ、もしも真面目にやろうとするならば、彼らにおいてまずこれを尊重しなければならないが、一般の同意を得る限りは、随時修正することが許されるのだと考えられている」（ピアジェ　1977：21）のです。

ここからピアジェが明らかにしたのは、一つには、大人の権威や罰を重要視する他律の道徳としての拘束の道徳と、相互性を重視する自律の道徳としての協同の道徳があることです。もう一つには、拘束の道徳は協同の道徳に進化することです。つまり、子どもの道徳性の発達は他律から自律へ発達することをピアジェは解明したのです。

２　コールバーグの道徳性発達理論

ピアジェの道徳性発達理論を受け継ぎ発展させたのがコールバーグ（Lawrence Kohlberg, 1927-1987）です。コールバーグは道徳的な発達には、三レベルと六段階があるといいます。それは、モラルジレンマ（価値葛藤資料）用いた研究で形成された結果です。モラルジレンマとは例えば次のようなものです。

> ヨーロッパで、一人の女性が非常に重い病気、それも特殊なガンにかかり、今にも死にそうでした。彼女の命が助かるかもしれないと医者が考えている薬が一つだけありました。それは、同じ町の薬屋が最近発見したある種の放射性物質でした。その薬は作るのに大変なお金がかかりました。しかし薬屋は製造に要した費用の十倍の値段をつけていました。彼は単価二百ドルの薬を二千ドルで売っていたのです。病人の夫のハインツは、お金を借りるためにあらゆる知人を訪ねて回

> りましたが、全部で半額の千ドルしか集めることができませんでした。ハインツは薬屋に、自分の妻が死にそうだとわけを話し、値段を安くしてくれるか、それとも支払い延期を認めて欲しいと頼みました。しかし薬屋は、「だめだね。この薬は私が発見したんだ。私はこれで金儲けをするんだ」と言うのみでした。そのためハインツは絶望し、妻のために薬を盗もうとその薬屋に押し入りました（コールバーグ　1987：20）

これは、ハインツのジレンマとして有名な価値葛藤資料です。ハインツは薬を盗むべきでしょうか。このようなモラルジレンマを解決する判断者の理由づけをもとにコールバーグは、三レベルと六段階を設定しています。

第一のレベルは、「慣習以前のレベル」です。このレベルでは、善い・悪いという「言葉の意味を、行為のもたらす物理的結果や、快・不快の程度（罰、報酬、好意のやりとり）によって考えたり、そのような規則や言葉を発する人物の物理的な力によって考える」（コールバーグ　1987：171）ものです。このレベルには第一段階と第二段階があります。第一段階「罪と服従志向」では「その行為がもたらす物理的結果によって、行為の善悪が決まる。罰の回避と力への絶対的服従が、ただそれだけで価値あることと考えられる」（コールバーグ　1987：171）と言われます。第二段階「道具的主義的相対主義者志向」では、「正しい行為とは、自分自身の必要と、ときに他者の行為を満たすことに役立つ行為である。人間関係は、市場の取引関係に似たものと考えられる」（コールバーグ　1987：171）と述べられます。

第二のレベルは、「慣習的レベル」です。このレベルでは、「個人の属する家族、集団、あるいは国の期待に添うことが、それだけで価値があると認識され、それがどのような明白な直接的結果をもたらすかは問われない」（コールバーグ　1987：172）と言われます。このレベルには、第三段階と第四段階があります。第三段階「対人関係の調和あるいは『よい子』志向」は、「善い行動とは、人を喜ばせ、人を助け、また人から承認される行動である。多数意見や『自然な』行動についての紋切り型のイメージに従うことが多い。行動は、しばしばその動機によって判断される」（コールバーグ　1987：172）と説明されます。第四段階「『法と秩序』志向」は、「権威、定められた規則、社会秩序の維持等への志向がみられる。正しい行動とは、自分の義務を果たし、権威を尊重し、既存の社会秩序を、秩序そのもののために維持することにある」（コールバーグ　1987：172）のです。

第三のレベルは、「慣習以後の自律的、原理的レベル」です。

このレベルでは、「道徳的価値や道徳原理を、集団の権威や道徳原理を唱えている人間の権威から区別し、また個人が抱く集団との一体感からも区別して、なお妥当性をもち、適用されるようなものとして想定しようとする明確な努力が見られ」（コールバーグ　1987：172）ます。このレベルには、第五段階と第六段階があります。第五段階「社会契約的遵法主義志向」では、「正しい行為は、一般的な個人の権利や、社会全体により批判的に吟味され、合意された基準によって規定される傾向がある」（コールバーグ　1987：173）というものです。第六段階「普遍的な倫理的原理志向」では、「正しさは、論理的包括性、普遍性、一貫性に訴えて自ら選択した倫理的原理に一致する良心の決定によって規定される」（コールバーグ　1987：173）と言われます。

具体的に各段階で賛成と反対の理由の例を見てみましょう。第一段階では、賛成は「もし妻を死なせれば、妻の親や兄弟からひどい仕打ちを受ける」のであり、反対は「薬を盗めば、警察に捕らえられ刑務所に入れられる」からです（佐野・吉田　1993：97）。第二段階では、賛成は、「薬を盗んでもさほど重い刑になはならないし、妻が生きていれば何かと便利である。つまり、妻が生きているほうが得なのである」のであり、反対は、「薬を飲めば、たとえ重い刑にならないとしても、犯罪者というレッテルによって生涯不自由な生活を送らねばならない。つまり、盗みを働くことは結局、損である」からです（佐野・吉田　1993：98）。第三段階では、賛成は、「親族や勤め先の人びと、さらには一般社会の人びとも、刑を覚悟で妻の命を救おうとした行為を称賛するであろう」というもので、反対は、「犯罪は当人が社会的不名誉を被るだけでなく、親族にまで不名誉をもたらす。さらに、盗みというのはともかく悪であるといえる」からです（佐野・吉田 1993：98－99）。第四段階では、賛成は、「救う手段がありながらむざむざ妻を死なせるような夫はひとでなしだ、という世間一般の通念にしたがう」ものであり、反対は、「法律上、財産への個人の権利の侵害は悪であり、法には従うべきである」（佐野・吉田　1993：99）からです。第五段階では、賛成は、「もし薬を盗まず、妻を死なせるようなことがあれば、社会の人びとからの尊敬を失い、また社会的人間としての自尊心を失うことになる。たとえ法を犯して盗みを働いたとしても、何よりも妻の命を重視したことを人びとは理解してくれる」からであり、反対は、「盗みを働けば、共同社会における信頼と尊敬を失うことになる。たとえ妻を死なせたとしても、社会的人間として公正であったことを人びとは理解してくれる」からです（佐野・吉田　1993：100）。第六段階では、賛成は、「人は何よりも、最も困難な状況にある妻の立場に立って行動を決定すべきであり、人命尊重の原則からしても、薬を盗むという以外の判断は成り立たない。重大なことは良心の判断（誰の立場におかれても成り立つ判断）にのっとって行為することである。法の罰にはしたがう」からで、反対は成立しません（佐野・吉田　1993：100）。

以上六つの段階は、「個体と環境との相互作用を通じて起こり、段階の順序に従って一段階ずつ進む。いわゆる段階の飛び越しや後退は、基本的には生じない」（佐野・吉田　1993：101）と説明されます。

3　フェニックスの道徳教育理論

フェニックス（Philip H. Phenix, 1915-2002）は、「無道徳的」、「自律的」、「他律的」、「目的律的」理論について考察し、目的律を「道徳教育の基礎」としました。

「無道徳的」理論について、フェニックスは、「正しいか間違っているか、より良いかより悪いかについて実際に何らかの基準があることの、これは否定である。なぜなら、人間の全ての努力は、無意味で目的がないとみえるからである（強調は原文）」（Phenix　1973：39）と述べます。

「自律的」理論について、フェニックスは、「自律主義者が信じるのは、規範と価値があるということ、そして、それらの源泉と正当化は、それら作る人々のうちにあるということである。」（Phenix　1973：40）と説明します。

「他律的」理論について、フェニックスは、「第三の理論、他律的理論は、価値について次のような客観的基準があると言明する。すなわち、知られ、教えられることができる客観的基準であり、人間の行為にたいして判断する明確ではっきりとした規範を提供する客観的基準である。この理論によると、人々は価値を作り出すのではなく発見する（強調は原文）」（Phenix　1973：43）と言います。

ただし、フェニックスによれば、「前述の三つ全ての価値理論は、道徳的良心の現実を正当に取り扱い損ねているのであり、道徳教育にとっての基礎を提供し損ねているのである」（Phenix　1973：43）と言います。なぜなら、かれは、「他律的」理論について、「他律は、価値体系の絶え間ない衝突があるため不十分であると私には思える」（Phenix　1973：43）と述べるからです。つまり、「他律的」理論では、価値は見いだされるものですけれどでも、その価値同士が衝突するので普遍的なものにならないのです。また、「無道徳」理論については、「無道徳者は、人間の全ての企てを無意味と見なすため、道徳に関心がない」（Phenix　1973：43）とフェニックスは考えるからです。「自律的」理論について、フェニックスは、「それら［自律的見解］は、道徳的探究の神経を切断し、道徳的良心を効果的に否定する」（Phenix　1973：43）と言います。なぜなら、「もし、価値が人間の創造物であるなら、その意義を判断する客観的基礎はない」（Phenix　1973：43）からです。

このように、無道徳、自律、他律のいずれにも、フェニックスは「道徳教育の基礎」を認めません。フェニックスが道徳教育に必要であるとするのは、「目的律的」理論です。フェニックスによれば「目的律的によって、私は次の理論に言及する。すなわち、道徳的要求は、包括的目的あるいは

『究極の目的』に基づいていて、これらは、対象的であり、規範的であるが、しかし、実際の制度的な具体化、あるいはイデオロギー的定式化を永遠に超越しているという理論である」(Phenix　1973：43）といいます。

つまり、目的律では、正義を現実の制度や理念を超越した領域に求めます。その意味で道徳的規範は、現実の世界で恣意的に作り出されてはなりません。その基準は理想であって、そのものとしては認識されません。現実の世界で用いられる道徳的規範は、有限の世界のなかで、理想的基準に向けて探究され続けるほかありません。だから、「道徳的領域の、究極的に超越的であるとはいえ、客観的な実在の更新された確信を我々は必要とすることを私は信じる」(Phenix　1973：48）とフェニックスは述べます。このような手続きを、フェニックスは「信仰の冒険」と呼んでいます。

参考・引用・紹介文献

江島顕一（2016）『日本道徳教育の歴史—近代から現代まで—』ミネルヴァ書房
コールバーグ（1987）『道徳性の発達と道徳教育　—コールバーグ理論の展開と実践—』岩佐信道訳，麗澤大学出版会
佐野安仁・吉田謙二編（1993）『コールバーグ理論の基底』世界思想社
浪本勝年ほか（2010）『史料　道徳教育を考える』北樹出版
ピアジェ（1977）『ピアジェ臨床児童心理学』大伴茂訳，同文書院
文部科学省（2018）『中学校学習指導要領（平成29年告示）解説　特別の教科道徳編』教育出版
藪内聰和（2017）「道徳教育における道徳性の発達 —フレーベルとフェニックスの道徳教育理論を比較して—」『日本文理大学紀要』第45巻第２号／第46巻第１号

Phenix, P. H. 1973 “The Moral Imperative in Contemporary American Education.” *Readings in Values Clarification,* edited by H. Kirschenbaum and S. B. Simon Minneapolis: Winston Press.

引用者による注は、ブラケット（[　]）で示しました。

第4章　ひとの発達過程と教育

―教育の発達心理学的基礎―

教育基本法や学校教育法には、各種の学校において、心身の発達や特性に応じた教育を行なうと謳われています。これは子どもの状態や発達がつねに変化したり、個人によってその特性が違ったりするからです。したがって、教師は児童・生徒の心身の発達を考慮した教育や対応が求められます。

第1節　ひとと発達・教育環境

個人レベルの健康問題や発達そして地域社会や地球規模の環境変化による開発・持続可能性が懸念されて、ひとと自然との関係性を見直そうとする動きが起こってきています。

ひとは生物的（身体的）、心理的、社会的、そして生態学的存在です。身体や生命をもち、欲求・感情・思考など心をもち、他の人間との関係を取り結び、支え合い、さらに他の動植物との関係性や自然の恵みのなかで生かされ、自然環境の一部として生きています。そこで、こうした相互関係のなかで教育を考える見方である全人的（ホリスティック）教育の動きもあります（吉田　2006）。

また、世界レベルで解決すべき目標としてSDGsが話題になっています。地球規模だけでなく地域社会や企業においても、そして、教育にとっても取り組むべき課題であると考えられています。2015（平成27）年9月国連サミットにおいて、「持続可能な開発のための 2030 アジェンダ」が採択され、「持続可能な開発目標（SDGs）」が掲げられました。それは、持続可能な世界を実現するための17の目標と169のターゲットからなっています。このうち、目標４は「質の高い教育の提供」に関するものです。

このような動向は、我が国の教育施策にもみられます。2018（平成30）年５月改訂の「ESD（持続可能な開発のための教育）推進の手引」（文部科学省国際統括官付日本ユネスコ国内委員会）によれば、「……持続可能な開発目標（SDGs）それぞれの目標が独立したものではなく、相互に関係したものと考えられる。教育もまた、独立した目標ではなく、むしろ、『教育が全ての SDGs の基礎』であり、『全ての SDGs が教育に期待』」しているとして、特に、ESDは持続可能な社会の担い手づくりを通じて、17全ての目標の達成に貢献するものと考えています。そして、この手引きは「持続可能な開発目標（SDGs）の達成に向けて、学校現場において ESD が浸透していくことを目標に作成された」といいます。

ESD 推進の背景として 、ESD を通じた地球規模の問題の解決を掲げて、そのために教育が育むべき子どもの資質能力を想定しています。すなわち、「ESD は、Education for Sustainable Development の頭文字をとったもので、日本語では『持続可能な開発のための教育』と訳されています。……（中略）地球規模の課題があり、それが年々深刻化していく厳しい世界に生きている子供たちに対しては、知識を一方的に教え込むだけの教育を続けていても課題解決に必要な資質・能力を十分に育成することはできません。子供たちにどのような資質・能力が求められているのか、その育成に、どのような教育の在り方が必要なのかを共に考え、実践を通して共有していく教育改革の営みそのものが ESD の原点です。これを実践するには、環境の側面だけでなく、経済的、または社会的な側面からアプローチするとともに、あらゆる分野の知識を動員する必要があり、かつ国際的な連携が必要である、こうしたことを、『教育』を通じて子供たちだけでなく、より多くの人々に伝えていく必要があります。」（p.3）としています。

そこで、2016（平成28）年12 月中央教育審議会（答申）「幼稚園、小学校、中学校、高等学校及び特別支援学校の学習指導要領等の改善及び必要な方策等について」では、「持続可能な開発のための教育（ESD）は次期学習指導要領改訂の全体において基盤となる理念である」と提言しています。

これを受けて改訂された2017（平成29）年３月公示の幼稚園教育要領、小・中学校学習指導要領においては、前文及び総則に、ESDの推進と「持続可能な社会の創り手」の育成が掲げられており、各教科等においても、関連する内容が盛り込まれています。すなわち、小学校学習指導要領前文では、「これからの学校には、こうした教育の目的及び目標の達成を目指しつつ、一人一人の児童が、自分のよさや可能性を認識するとともに、あらゆる他者を価値のある存在として尊重し、多様な人々と協働しながら様々な社会的変化を乗り越え、豊かな人生を切り拓らき、持続可能な社会の創り手となることができるようにすることが求められる。」（p.15）とされています。そして、全国の学校で、教育課程全体で持続可能な社会の構築に向けた教育が行なわれていくわけです。

ところで、今回改訂の新学習指導要領の要点をまとめておきます。「社会に開かれた教育課程」すなわち、よりよい学校教育を通じてよりよい社会を創るという目標を共有し、社会と連携・協働しながら、未来の創り手となるために必要な資質能力を育むことを効果的に実現するには、学校全体として、計画的に実践することが重要だとされています。そこで、児童や学校、地域の実態を適切に把握し、編成した教育課程に基づき組織的かつ計画的に各学校の教育活動（授業）の質の向上を図り、地域や外部機関、あるいは海外の機関や国際的なネットワークと連携して総合的かつ体系的に構築する「カリキュラム・マネジメント」の確立を学校に求めています。

そして、「生きる力」をより具体化し、教育課程全体を通して育成をめざす資質能力は、１「何を理解しているか、何ができるか（生きて働く「知識及び技能」の習得）」、２「理解していること・できることをどう使うか（未知の状況にも対応できる「思考力、判断力、表現力等」の育成）」、３「どのように社会・世界とかかわり、よりよい人生を送るか（学びを人生や社会に生かそうとする「学びに向かう力、人間性等」の涵養）」、としています。また、生涯に渡って能動的に学び続けられるようにするために、「主体的・対話的で深い学び」（アクティブ・ラーニング）の視点からの授業改善を推進することが求められています。

第2節　子ども観

ひとはどのようにしてひとになるのでしょうか。生物や生命の発生や発達に関する関心が発達観であり、それが子どもに対する見方に影響を与えてきました。子どもに対する見方であれば、子ども観や児童観ということになります。

白井　常（1976）による「発達心理学の歴史的背景」からこの変遷をみてみましょう。

17世紀から18世紀にかけて前成説という考え方が支配的でした。前成説とは、生物の成体の器官の源基が発生以前に、すでに卵子あるいは精子のなかに形成されていて、それが発達の過程で時間経過にともなって単に発現していくという見方です。もっとも、これはすでに紀元前５世紀ギリシア時代の哲学者の間で論じられていたということです。たとえば、物質の起源に関する原子論者のデモクリトスは「水と泥」が人間の起源と考えていました。

それに対して、紀元前４世紀ころアリストテレスは、前成説を否定し後成説を唱えました。すなわち、母胎内で胎児が形成される場合、はじめから身体のあらゆる部分が備わっているのではなく、その生成過程において一定の順序でたえず分化が続けられ、それまで運動の可能性として含まれていたものが順次発現していくと考えました。これは、可能性が遺伝的なスケジュールにしたがって発現してくるとする予定説と考えられます。もっとも、両学説は遺伝（素質）を成体の器官の源基とみるか、可能性とみるかの違いであり、ともに発達の規定因を遺伝（素質）に求める、すなわち遺伝重視という点では共通していました。また、各器官は神の意志にしたがい一定の順序で合目的的に分化するとの考え方（目的論的予定説）は、キリスト教の思想に合致していました。そのため、中世を通じて予定説が標榜する後成説が広く生物学者の間に受け入れられていました。

ところが、17世紀後半に、生殖細胞のなかに生体の源基となる微小生物を発見したとして前成説が復興し、18世中葉まで前成説が隆盛しました。そのため、子どもを成人の縮図とみる児童観が教育の分野にも支配的になりました。したがって、大人の規準を子どもに押しつけることが当然の教育方法だとみなされました（成人中心主義の児童観）。

しかし、18世紀の半ば過ぎダーウィンの進化論およびヘッケルの発生反復説の出現によって予定説的後成説が優勢となってきました。反復発生説とは、個体発生において系統発生がくり返されるという今日でもとくに生物学の分野では、重要な発生の見解として存続している説です。また、教育哲学者のルソーは、著書『エミール』（1883）のなかで、反復発生説を示唆し、発達はすべて予定された順序と計画にしたがって、子どもの内側で調節された段階を追って展開していく過程だと仮定しています。これが、子どもは未熟な成人ではなく、独自の存在とみなす児童観（児童中心主義の児童観）となります。

ルソーの弟子や信奉者、ペスタロッチ、フレーベル、モンテッソーリもルソーの反復発生説を支持した児童観や教育観を受け継ぎます。アメリカの心理学者ホールや弟子のゲゼルとターマンが反復発生的見解、つまり発達の規定因としての遺伝（素質）を20世紀において展開します。

20世紀の前半における発達心理学の最も主要な命題は、発達を規定する要因に関するものであって、素質か環境かあるいは成育か養育かという問題をめぐって論争をくり広げました。環境論は、イギリスの経験主義者ロックが白紙説やアメリカの行動主義心理学者ワトソンが主張しました。また、教育学や哲学の分野に台頭した人道主義的見解も環境論的立場で、教育の力で発達の目標をどのようにでも方向づけることができると信じました。

しかし、発達の規定因をめぐって、“成育か養育か”という論争することの無意味さにようやく気づき始めました。それが、交互作用説であり、現代の主要な立場です。

我が国においても、中世は西洋と同様に子どもを大人の縮図とみる児童観が中心的でした。したがって、人間の一生のあり方は、出生の初めからその子の宿命によってすでに設計されているとする前成説ということになります。鎌倉時代には武家社会でも、この封建的な制度のもとでは嫡子以外の子どもは人格として認められませんでした。室町時代にも、上層階級では早期元服のため、形式的にも子どもは早くから大人の仲間入りをさせられ、庶民階級では依然として子どもは親の所有物であるという考え方でした。

他方、人格としての子どもの自然な発育を重んじ、それに即応した教育法を主張したのは、江戸時代における儒学者、中江藤樹や貝原益軒であったということです。そして、江戸末期ころからしだいに西洋文化の流入が始まり、自由主義、進歩主義的教育思想の影響が先覚者の教育観にあらわれはじめ、1880（明治13）年ころからペスタロッチの教授法が、小学校教育に新しい教育法として広く取り入れられるようになったのです（白井, 1976）。

第3節　発達を規定する要因

子どもの発達や教育には時間的な方向と空間的な広がりがかかわってきます。年齢に応じたこころや身体の変化は、発達と呼ばれます。時間的な方向としては、生涯発達といって受精の瞬間から死に至るまでの発達を指すのが現在では主流の考え方です。老化によって衰える心身の変化や働きもあるが、ある側面では人間は成人になっても死ぬまで発達すると考えられているのです。

そして、この発達には遺伝的な発現による心身の成熟と生後の環境からの働きかけとのやりとりや経験による学習の両者がかかわっています。すなわち、遺伝は生まれつきであり、素質を指します。そして、環境や経験は後天的な育ちによる影響です。子ども観でみたように、かつては遺伝（成熟）が発達には優位であるとか、いや環境が優位であるとかという論争がありました。

そのなかに、成熟（優位）説がありました。すなわち、発達は遺伝的・生得的資質によって決定されるとし、発達の変化の規定因として、特に成熟の優位性を強調する説です。

ゲゼルら（Gesell）（1929）は、次のような実験をしました。生後46週の一卵性双生児に対して階段のぼりをさせました。T児は毎日10分間で、6週間連続で練習させました。すると26秒でのぼれるようになりました。他方、C児にはT児の訓練の間は練習させず、その時点でのぼるのに45秒かかりました。ここまでは学習の効果のように思えます。ところが、2週間の訓練後C児は10秒でのぼれるようになったのです。したがって、成熟に達していない6週間の訓練よりも、成熟に達した後の2週間の訓練が効率的だということになります。これをレディネス（準備態）といい、学習への用意の整った状態ということです。すなわち、成熟によるレディネスがなければ、学習は効果をもたないということです。

もっとも、成熟をただ待つだけでなく、経験や教育による発達を強調する立場もあります。ヴィゴツキー（Vygotsky）（1934）の発達の最近接領域という考え方です。発達の最近接領域とは、現在の発達水準と同時に、教師のヒントや周囲の援助によって発達可能な水準のことで、教育はこの水準の発達を促す働きかけだということになります。そうすると、先のレディネスも単なる成熟だけではなく、経験や学習との相互作用によって育成されることになります。

しかし、現在では遺伝（素質）と環境（経験）のどちらもかかわっているとされます。ただし、身長や体重のように遺伝の影響が強いものから、学力や言語の獲得のように環境の影響が強いものなど特性によってそのかかわり方が違うといわれます。たとえば、ジェンセン（Jensen）（1968）の環境閾値説では、それぞれの心身の機能が発現するには環境が閾値として働いて、その閾値の水準を超えないと可能性が発現しないといいます。身長や体重のような基礎的な特性は遺伝に強く規定され、閾値が低く極端に環境が劣悪でない限り発現してきます。しかし、学業成績は環境条件の良し悪しに応じてほどほど発現し、絶対音感や外国語の音韻などは発現するためには極めて良好な環境が必要であるといいます。

また、臨界期やその期間が比較的長い敏感期といって、人生の後々の経験よりも、人生の初期経験が大きな影響を与えることも知られています。たとえば、動物行動学者のローレンツ（Lorenz）（1935）は、カルガモなどの大型鳥類が親鳥を追従する行動が孵化後のごく短い時間（臨界期）の間にのみ生じ、その時期にゆっくりと動く本当の親ではない対象の後を追う現象を観察しました。そこで、刷り込み（インプリンティングまたは刻印づけ）されてしまうと、その後に本当の親鳥と対面しても親に追従する行動は生じないという現象を報告しています。この現象は、子の親に対するアタッチメント（愛着）の元だと考えられています。

臨界期の実験的観察の例として、ハーロウ（Harlow）（1962）は、アカゲザルの子どもを母親や同胞から離し、社会的に隔離して成長後の発達の状態を調べました。そうすると、隔離期間が３ヶ月以内であると、問題行動は示さなかったのですが、それが６ヶ月以上になると、仲間と一緒におかれたとき、強い恐怖を示したり、自虐的になったりするなど異常行動を示しました。さらに、成熟しても、性行動が正常に行なえなかったそうです。

第４節　発達の原理

発達における変化の過程は、一人ひとり異なっているようにみえるが、そこには共通してみられる一般的特徴、傾向といったものが存在します。これらは、発達の原理とか法則とかと呼ばれています。『発達心理学用語辞典』（永江，1991）によると、その主なものは次のとおりです。

１　個体と環境の相互作用の原理：発達は、遺伝や成熟だけでなく環境的諸条件との相互作用を通して行なわれます。たとえば、母子関係を通した母子の相互作用から始まって、家族、学校、社会との相互作用により発達します。

２　連続的過程の原理：発達の過程は常に将来の発達に対する準備を含

んでいます。つまり、それまでの先行経験が後の発達にさまざまに影響を与えているということです。

3　臨界期の原理：発達の比較的初期の経験において、ある器官や機能の成長・発達に決定的に重要な時期があります。

4　発達の連続性：発達は飛躍的に行なわれるのではなく、連続的、漸進的に行なわれます。したがって、前段階での発達はそれに続く段階での発達に何らかの影響を及ぼすことになります。

5　相互関連的過程の原理：一見互いに関係のないように見えている心身の変化に、発達的な関連性が存在します。幼児の歩行の遅れは単なる身体的発達の遅滞を示しているだけでなく、知的にも社会性の発達にも否定的な影響を与える場合もあります。

6　発達の順序性：すべての子どもがハイハイを獲得した後で立ち上がるように、一定の発達の順序性がみられます。

7　発達の方向性：発達は一定の方向性をもちます。たとえば、身体・運動機能の発達には東部から尾部の方向と、中心から周辺部への方向性がみられます。また、発達は未分化な全体的活動から分化し特殊化した活動へと進んでいきます。

8　個人差の原理：個性的な発達を示します。たとえば、生後間もない乳児でさえも、活動水準（活発、おとなしい、よく泣く）睡眠時間やリズム、刺激への敏感さなどの違いが現れます。

第５節　発達段階

個人の発達過程は、量的変化にみられるような連続的な変化だけでなく、相互に異質で非連続的だと考えられるような特徴を見出すことができます。このような発達過程をいくつかの異なる段階に区分した時期を発達段階といいます。その段階には、提唱者や心身のどの特性や機能に注目するかで諸説あります。学校教育制度を考慮して成人期までなら、乳児期（0

～２・３歳頃)、幼児期（２・３～６・７歳頃)、児童期（６・７～12・13歳頃)、青年期（12・13歳頃～）などがよく使われます。

この発達段階を設定することには利点と問題点があります。利点として次のようなものがあります。ある時期における子どもの全体的な姿や特徴を、直観的、印象的に捉えることができます。そうすると、ある心身の機能が、低い段階から高い段階へとどのように変化していくか、その過程について理解しやすくなります。また、各発達段階の特徴から、それぞれの段階で達成すべき課題や発達の目安を知ることができます。これらの視点が子どもに対する教育や指導に役立ちます。

他方、問題点としては次のようなものがあります。ある時期から次の時期への変化は徐々に現れ、過渡期（移行期）が中間にはさまるため、両段階間に明確な線引きをするのが本当は困難です。また、段階区分は多くの場合、１つか２つの顕著な精神的又は身体的な機能によってなされますが、どの機能によって行なうかによって段階や区分も異なるので、総合的に安定した区分を得ることが難しいといえます。さらに、発達にはかなりの個人差があるため、そこで仮に平均によって、ある年齢で一線を引いたとしても、その偏差（ばらつき）はかなり大きくなってしまいます。

この発達段階において、特に身体機能や構造の発達に着目すると、次のような段階とその特徴が区別されます。

1　胎生期（着床～誕生）

受精卵の子宮内着床から妊娠９週までを胎芽期と呼び、それ以後を胎児期と呼びます。胎芽期には各臓器の原基から身体の各器官が発生していきます。具体的には中枢神経系、心臓、腕、足、目、耳、口蓋などが形成されていきます。この時期に母体になんらかの異常があると、臓器の発育が障害を受け奇形を発生させることがあります。たとえば、妊婦の風疹の初感染による難聴など障害が知られています。奇形の発生は、胎児それ自身がもつ染色体異常や遺伝病などの遺伝的障害と母胎を通しての胎児障害があります。その胎児障害を起こす原因物質を催奇性物質といいます。たとえば、喫煙によるニコチンや一酸化炭素などです。

妊娠10週目の胎児期に入ると人間としての姿・形態が見た目にも整ってきます。妊娠4ヶ月頃から音を聞くことが可能ですが、羊水のせいで聞こえにくいようです。

では、親の声を識別しているのでしょうか。正高（1997）による実験があります。生後6時間以内の新生児にゴム製の乳首を吸わせて、吸うごとに収縮反応を記録します。まず、母親でない複数の女性の声で童話を読んだ声をスピーカーから流します。途中で不自然でないようにして語り手を切り替えます（AさんからBさんへ、AさんからCさんなどとAさんから母親への切り替えとを比較）。その結果、母親の声では吸う頻度が増加ししだいに低下しますが、他のひとでは低頻度のままだったそうです。したがって、母親と母親以外の女性、女性と男性は区別できると考えられます。しかし、母親と違って父親は識別できないようです。

妊婦の強い情緒は自律神経系を介して母体の血流中に化学物質を分泌することで胎盤を介して胎児の循環系などに影響を与えるといわれます。母親の精神状態、妊娠に対する態度、母親の妊娠中のストレスなどはこうした経路で伝わることが考えられます。

2　乳児期（0～1・2歳頃）

出産時から1ヶ月を新生児期といい、五官（五感）全体を使った能力を発揮していきます。運動はまず生得的な把握反射や吸飲反射などの原始反射や不随意運動が前面に現れます。しかし、発達につれてこれらが徐々に少なくなり、大脳によってコントロールされた随意運動が発達してきます。

そして、これに続く生後1ヶ月から最初の誕生日（1歳）までを乳児期といいます。そうすると生後3ヶ月頃には首がすわる定頸、5・6ヶ月頃には座位がとれるようになり、両手が自由になってやっと3次元世界の住人になります。手に触れるものは何でも口に入れて確かめようとします。

乳児期の認知能力に関して、ファンツ（Fantz）（1966）は、異なる刺激に対する注視時間の長さを利用した選好注視法という方法で乳児の知覚の発達を研究しました。その結果によると、乳児は単純な図形よりも複雑な図形をより長く注視することがわかっています。

また、ギブソン（Gibson）ら（1960）は、視覚的断崖（強化ガラスから透かして見かけ上の断崖がみえる装置）という実験装置を使って、乳児の奥行き知覚を研究しました。ハイハイができるようになった乳児が視覚的断崖を渡ろうとしないことを確かめ、奥行き知覚が早期に成立していることを実証しました。また、この装置を使った研究から、先ほどの視覚的断崖を渡ろうとしなかった乳児が、母親の安全の表情に応じて断崖を渡ることが示されました。これは、母親の表情を読むことで乳児がどう行動してよいかを問いあわせ、それによって行動する社会的参照という行動だとされます。

さらに、新生児でも人間の顔を認知している行動として舌出し模倣のような原始模倣も知られています。また、この時期、「あ～あ～」などと発話の基礎訓練ともいえるなん語の発声がしきりにみられます。

生後直後は自分と他者（とくに母親）との区別は未分化ですが、生後２～３ヶ月頃には、自分（自己）がひとつのまとまりとして体験されていきます。生後５～７ヶ月頃には自己と他者との区別が始まり、それらの相互の交流が活発になり、母親への後追いも始まります。これまで一体だと思っていた母親が別の存在であり、分離への不安がそうさせるのだといいます。時を同じくして８ヶ月不安といって、親や家族以外の他者に対して人見知りが始まります。ここで、親や家族は安全基地となり、社会性の基礎を形づくります。自己と他者そして家族以外の他者の区別は認識の発達を基礎にしており、無防備な乳児にとっては適応的な行動だといえます。これが後の本当の分離に向けての練習となります。

子どもと親との情緒的な絆をアタッチメント（愛着）といいますが、アタッチメントはミルクや食事をもらえるから生じるのでしょうか。これを確かめようとしたハーロウ（Harlow）（1959）が行なった代理母親の実験があります。生後３ヶ月のアカゲザルを生みの母親から離し、布製と針金製の２種類の代理母親と一緒にしました。針金製には哺乳ビンがとりつけられ、サルが自由に飲むことができます。その観察結果によると、ミルクを飲むとき以外は布製母親と過ごす時間が長く、熊の玩具に脅され、恐怖を感じるときも布製母親にしがみつく行動がみられました。したがって，柔らかで暖かいものへの接触を求める傾向は生得的であり、報酬つまりミルクや食事を与えられたためではないと考えられます。

これ以降の発達段階では、主に心理的機能の発達に着目したものが知られています。そして、心理的適応や心理的健康を達成するために各段階に特有の発達課題があると考えられています。

発達課題とは、個人の発達は生得的に規定されたものではなく、人生の諸段階における種々の課題を成し遂げることによってなされるという考え方です。ハヴィガースト（Havighurst）（1953）は、人生を6つの発達段階に分けて、各発達段階に6～10個の発達課題を設けています。各段階における課題をうまく達成すれば、次の段階においてうまく適応するが、達成しないまま不十分なまま通り過ぎると不適応を引き起こし、発達の停滞をもたらすとしています。

第6節　発達の理論

発達の理論として、代表的なエリクソンの生涯発達理論（Erikson,1950）やピアジェの発生的認識理論（Piaget,1936）があります。エリクソンは誕生から死に至るまでの一生涯にわたる自我（自己）の発達，ピアジェは青年期・成人期までの認知（思考）の発達について理論化しました。

1　エリクソンの生涯発達理論

人生を8つの発達段階に分けて、各段階に社会からの要求や期待から心理社会的危機がもたらされ、その解決過程が精神的発達に強く影響するという理論です。その発達課題は、一生の節目ごとにある一種の通過儀礼（イニシエイション）といえます。以下に8つの段階およびその課題と失敗の帰結の対をあげます。

⑴ 乳児期 （基本的）信頼感 対 不信

自分の知る世界を信頼できるかどうかというのが発達課題です。養育者の暖かい援助、一貫性のある養育態度によって、基本的生理・社会的欲求を満たしてもらえると、自分が価値ある存在であるという確信を強め、生きていることの喜びを心から感じることができ、基本的信頼感を発達させます。しかし、乳児の欲求に対して不適切な反応や一貫性を欠いた相互作用は、乳児に不信感を抱かせ、泣き虫、不活発などという帰結を引き起こします。

この段階において、心理社会的危機がどの程度解決されたかどうかということが、その後の段階における危機の解決の度合いに影響を与えます。危機のプラスの解決は心理的成長を促し、マイナスの解決は心理的成長を妨害するといわれます。

⑵ 幼児期前期 自律性 対 恥、疑惑

この時期は、自分ひとりでやることに関心をもち、うまくできると、大きな誇りを感じ、自律性が発達します。自律性を育てるために、養育者の忍耐と適切な援助が必要となります。子どもがあることに一生懸命がんばっているのに、失敗したりうまくいかないとき、それを馬鹿にしたり批判ばかりしていると、自分の能力に対して恥・疑惑の感情を生じさせ、自分のすることに自信を失い、失敗を恐れて新しい活動から身を引いてしまいます。

⑶ 幼児期後期 自発性 対 罪悪感

この時期の子どもは環境の探索に注意を向けるようになり、環境に対して積極的に探索しようとすることを自発性といいます。自律性の強い感覚に支えられて、養育者への依存から離れて、自分の欲求は自分で満たそうと努力するようになります。しかし、多くのことに挑戦しようとする子どもに対して、その機会を与えなかったり、失敗やミスに対して強い罰や叱責が与えられたりすれば、その結果として罪悪感が生じることになります。この心理的危機の否定的解決によって罪悪感が身につくと、知的好奇

心の芽がつぶされ、何かに興味をもつことが罪であると感じるようになります。そうすると環境に対してどのように対処していけばいいのかわからず消極的になり、両親やその他の権威者に全面的に頼りきり、依存してしまいます。

⑷　学童期　勤勉性　対　劣等感

性や攻撃性などの本能的欲求は潜在し、概して平穏無事で安定した生活が始まります。エネルギーが生物的な欲求よりも知識、知性、社会的経験へと向けられる時期です。社会のなかで生きていくために必要な技術を習得できるかどうかが課題となります。子どもは学校に通い、読み、書き、算数など基礎的な学力や技能および社会的に必要なことを学習します。子どもは学校で友達と一緒に遊び、学びながら勤勉性を獲得します。この時期、教師の影響は大きいといえます。教師の否定的なメッセージは、子どもに無能感や無価値感、劣等感を抱かせることになりかねません。

⑸　青年期　同一性　対　同一性拡散

思春期に入ると、生理学的な変化が生じるため、心身両面で激しい変化が起こってきます。潜在期に休んでいた攻撃性や衝動が活発化もします。青年期の基本的課題は、自我（自己）同一性（アイデンティティ）の感覚を育てることです。自我同一性の感覚とは、自分は他とは違い、こういう個性や特色をもつものだとする、自己についての意識です。

自我同一性はその意味が難しく、種々の言い換えがなされることもあります。たとえば、存在意義、自分らしさ、自分のなかの一貫性（過去・現在・未来）と独特さ、孤独、自分探し、本当の自分などともいわれます。自分がどんな人間であり、他人からどのように見られているか、社会で果たす自分の役割は何かなどという問いに対する答えにあたるものともいえます。これらは家族、友人、大学、学科、クラブ、アルバイト、恋愛、就職、結婚、親などの役割のなかに身を置いて自分を試す（役割実験）ことを通して身につけていくことになります。しかし、暴走族や暴力団への同一性など社会的に承認されないような否定的同一性に向かうこともあります。青年にはどんなものであれ、自我同一性の確立が必要だということです。

しかし、同一性の獲得過程はそう容易ではありません。身分が固定された封建制度のもとでは早期獲得も容易でしたが、現代ではそうもいきません。かえって多くの選択肢に青年は悩まされるかもしれません。長期に渡りフリーターで自分にあった職を探すなどは現代的傾向です。そして、同一性獲得過程のなかで、いろいろな苦悩や不安などによって心身の混乱を引き起こし、同一性の拡散に陥ることもあります。自分が何なのか何をやりたいのかわからなくなったりもします。大学生であれば、ステューデントアパシー（学生無気力）に陥ったりすることもあります。全般的な抑うつとは違って、大学生である本来の自分に迷っている状態です。ただし、学生時代は同一性獲得が猶予されていて、モラトリアム（負債の支払猶予）といわれます。

⑹　成人期前期　親密性　対　孤立

自分の家族の成員以外のひとと親密な関係（身体的・心理的）を築き上げることが課題となります。恋愛・結婚など暖かく有意義な人間関係の形成をする時期です。他者を愛し世話する能力、やさしさに満ちた関係を作り上げる能力が必要となります。真の親密さは前段階からの適切な同一性の感覚が育つことによって得られます。同一性が未発達な場合、親密になっていく過程で自分自身の同一性を失うのではないかと恐れて、親密な関係を拒否してしまうこともあります。あるいは、相手を自分の同一性獲得に利用しようとするかもしれません。

⑺　成人期後期　生殖（世代）性　対　停滞

次の世代を育てることに関心をもつ時期です。子どもを授かり世話をすることだけでなく、子どもを育てることで親として育つこと（相互性）が課題となります。これは自分の子を育てるばかりでなく、労働によりモノや考えを生み出すことや後輩や他人の子ども育てることでも達成されます。生殖性が十分育たないと自分をひとのために使うことができず、人格の停滞と貧困をもたらすことがあります。停滞とは心理的な成長が欠けていることです。

⑻　老年期　自我の統合　対　絶望

個人差はあるものの、身体的な衰退や社会的な喪失に対処する時期です。退職により仕事を失い、収入は著しく減少します。配偶者をはじめ身内のものや友人をなくすことが多くなります。社会的存在感は薄れていき、最後の心理社会的危機を迎えます。これまでの人生を振り返り、いたずらに後悔することなく自分の人生という事実（良いことも悪いことも）を受け入れ、やがて訪れるであろう死を平静に受け入れる態度が自我の統合です。

ひとは自分の人生を回想し、その人生が価値あるものであったかどうかを考えます。これが、お年寄りの繰言となって表現されることもあります。ところが、自分の人生を意義あるものとして認めることができないひとは、失われた時を償おうとして焦り、絶望的な試みをするかもしれません。しかし、それでもうまくいかず、ますます死の受容を困難にしてしまうことになります。

２　ピアジェの発生的認識理論

思考や知能の発達については、ピアジェの研究があります。ここでの段階の名称は発達課題ではなく、思考や知能の発達段階における可能性の目安です。

⑴　感覚・運動的知能期：０～２歳

感覚や動作・行為による思考の時期です。たとえば、哺乳ビンは、吸えばミルクが出てくるもののように理解しているかもしれません。対象の永続性（８ヶ月）を獲得します。これは、後の保存概念の基礎になります。そして、１・２歳頃には、眼前にない事物や事象を思い浮かべることができるようになり、これを表象機能（イメージ）といいます。このことにより、洞察・回り道ができるようになります。さらに、延滞模倣（模倣するものが目前になくてもまねられること）ができるようになります。

ところで、この時期には言語（初語）を発するようになりますが、成人のような文ではなく一語で文のような意味を表す一語文から始まります。

「マンマ」は「これはたべものです」「ごはんがたべたい」かもしれません。

⑵　前操作的思考期：２～７歳

この時期の初期は、前概念的段階（２～４歳）といわれ、言葉による象徴的活動が始まります。ただし、前概念とは、一般的な抽象的な真の概念ではなく、幼児の個々の個人的体験や個々のイメージにもとづいているものです。象徴活動は活発化し、ごっこ遊び、ふり遊びような「みたて」（ある事物や行為を類似した他の事物で象徴する機能）もできるようになります。

ところで、同時期に、自我の芽生えがみられるようになり、親への依存・庇護下から自分で何でもやりたがるようになります。これが第一反抗期です。自我の発達がもたらした、子どもの成長の現われとして積極的に評価したいものです。

ピアジェによれば、子どもは自分の行動を周囲の環境にあわせて変化させ（同化）、また環境に積極的に働きかける（調節）ことを通して思考を発達させていきます。そして、この環境と主体の双方向の働きかけは、両者のバランスが取れるように常に同時に起こっています（均衡化）。このような相互作用を通じて、子どもはより複雑な身体機能や対象の操作を獲得するだけでなく、経験した外的世界を内的表象として構築し、それがその後のより複雑な事態に対応するときに役立っています。ピアジェは、その内的表象をシェマ（図式）と呼びました。このようなシェマは子どもの認識活動を通じて徐々に形成され、修正され、再構成されてより複雑で構造的なものになっていくのです。

⑶　直観的思考期：４～７・８歳

この時期は、思考が見かけに大きく左右され、客観的で論理的な水準まで達していません。そして、この時期の前半では、保存の概念は獲得されていません。この後、５歳頃からの１・２年間をかけて発達します。保存の概念とは、事物の外見や見かけの特徴が変化しても、加減などの操作が加えられない限り、その本質的特徴（数・体積・重さ・量など）は不変という考えをいいます。

この時期の思考における自己中心性が特徴で、子どもの思考はとかく外見に支配されがちで、他の側面が無視されがちです。つまり、他者の視点や見方がとれないのです。自分の立場から離れて、客観的に事物の関係を判断することができず、すべて自分の視点から考えてしまうこともあります。ピアジェは、このような幼児独特の世界観や心性を指して、アニミズム（無生物にも生命や意識がある、すなわち客観の主観化）、実在論（夢に見たことや想像したものはすべて実在する、すなわち主観の客観化）、人工論（すべてのものは人間が作ったものである、すなわち大人は全知全能）を指摘しています。

⑷　具体的操作期：６・７～11・12歳

この時期に、保存の概念を獲得していきます。前段階からの自分の視点からしか考えられなかった自己中心性から脱して、客観的な事物の関係を判断することができるようになります。そして、数を数えることなど数の概念を獲得していきます。しかし、具体的な事象を離れて言語による論理的・抽象的思考はできません。

⑸　形式的操作期：11・12歳以上

成人のような抽象的な思考や仮説演繹的思考ができるようになります。それは、これまで具体的事物や現実しか考えが及ばなかったのに、理想状態についても考えられるようになり、理想と現実を区別できるようになります。その結果、周囲の大人は理想的でないと感じられるかもしれません。それが大人に対する批判や反抗と映るかもしれません。これが、第二反抗期です。

ピアジェは知能や思考の発達について、この段階までしか考えていません。しかし、数的推理や記憶などのような流動性知能と人生経験の蓄積によって増大するような結晶性知能に分ける考え方もあります。後者はこの段階以降も死に至るまで発達すると考えられます。

第７節　発達への特別な教育的支援

章の初めに、教育は児童・生徒の心身の発達や特性に応じて行なうことが求められると述べました。それは、特別な支援が必要な児童・生徒に対しても同様です。したがって、教職員は特別な支援を必要とする児童・生徒への対応について知識やスキルを身につけておくことが求められます。

特に、最近の動向として、障害の程度等に応じ特別の場で指導を行なう「特殊教育」から、障害のある児童・生徒一人ひとりの教育的ニーズに応じて適切な教育的支援を行なう「特別支援教育」への転換がありました。すなわち、2003（平成15）年文部科学省特別支援教育の推進に関する調査研究協力者会議の最終報告において、「特別支援教育の在り方の基本的考え方」として、特別支援教育とは、「従来の特殊教育の対象の障害だけでなく、LD、ADHD、高機能自閉症を含めて障害のある児童生徒の自立や社会参加に向けて、その一人一人の教育的ニーズを把握して、そのもてる力を高め、生活や学習上の困難を改善又は克服するために、適切な教育や指導を通じて必要な支援を行うものである。」ことを示しています。

そこで、「地域における総合的な教育的支援のために有効な教育、福祉、医療等の関係機関の連携協力を確保するための仕組みで、都道府県行政レベルで部局横断型の組織を設け、各地域の連携協力体制を支援すること等」を指示しています。そのため、文部科学省は、2003年に小・中学校においても「特殊学級から学校としての全体的・総合的な対応へ」として「LD、ADHD等を含めすべての障害のある子どもについて教育的支援の目標や基本的な内容等からなる『個別の教育支援計画』を策定すること、すべての学校に特別支援教育コーディネーターを置くことの必要性とともに、特殊学級や通級による指導の制度を、通常の学級に在籍した上での必要な時間のみ『特別支援教室（仮称）』の場で特別の指導を受けることを可能とする制度に一本化するための具体的な検討」を求めています。

これらは、インクルーシブ教育の考え方にもとづいています。これを推進する文部科学省2012（平成24）年７月「共生社会の形成に向けたインクルーシブ教育システム構築のための特別支援教育の推進（報告）」において、「インクルーシブ教育システムにおいては、同じ場で共に学ぶことを追求するとともに、個別の教育的ニーズのある幼児児童生徒に対して、自立と社会参加を見据えて、その時点で教育的ニーズに最も的確に応える指導を提供できる、多様で柔軟な仕組みを整備することが重要である。小・中学校における通常の学級、通級による指導、特別支援学級、特別支援学校といった、連続性のある『多様な学びの場』を用意しておくことが必要である（文部科学省，2012）」としています。

このように、知的障害、視覚障害、聴覚障害、肢体不自由、病弱等の障害がある児童・生徒に限らず、LD（学習障害：学習や学業的技能の使用に困難があり、その困難を対象とした介入が提供されているにもかかわらず、読字、理解、綴字、書字表出、計算、数的推論のうち１つ以上に困難を示し、６ヶ月以上持続している状態）、ADHD（注意欠陥多動性障害：不注意および／または多動性および衝動性によって特徴づけられる。不注意および／または多動性―衝動性の持続的な様式で、機能または発達の妨げとなっている状態）、自閉症スペクトラム障害（複数の状況で社会的コミュニケーションおよび対人的相互反応において持続的困難がある状態）等軽度発達障害をもつ児童・生徒も含めて通常の教育の範囲内で教育するということです。したがって、教職員も特別支援教育コーディネーターの配置、専門家による巡回相談、個別の指導計画作成、特別支援学校のセンター的機能による支援体制構築による協力連携のなかに位置づけられているのです。

参考・引用・紹介文献

エリクソン，仁科弥生（訳）（1977）．幼児期と社会Ｉ　みすず書房
ヴィゴツキー，柴田義松（訳）（1962）．思考と言語（上）　明治図書
ジェンセン，東　洋（1969）．知的行動とその発達　桂　広介・波多野完治・依

田　新（監修）（1976）．児童心理学講座4認知と思考（pp. 1-22）　金子書房
白井　常（1976）．発達心理学の歴史的背景　依田　明（編）白井常・他（著）発達心理学　大日本図書
永江誠司（1991）．発達の原理　山本多喜司（監修）山内光哉・他（編）　発達心理学用語辞典（pp. 254-255）　北大路書房
ハヴィガースト，庄司雅子・他（訳）（1958）．人間の発達と教育　牧書店
ピアジェ，谷村　覚・浜田寿美男（訳）（1978）．知能の誕生　ミネルヴァ書房
正高信男（1997）．赤ちゃん誕生の科学　PHP研究所
文部科学省（2012）．共生社会の形成に向けたインクルーシブ教育システム構築のための特別支援教育の推進（報告）
https://www.mext.go.jp/b_menu/shingi/chukyo/chukyo3/044/attach/1321669.htm（2022年 6 月17日）
文部科学省（2015）．今後の特別支援教育の在り方について（最終報告）
https://www.mext.go.jp/b_menu/shingi/chukyo/chukyo3/044/houkoku/1321667.htm（2022年 6 月17日）
文部科学省（2018）．「ESD（持続可能な開発のための教育）推進の手引」（改訂版）について
https://www.mext.go.jp/unesco/004/1405507.htm（2022年 6 月17日）
吉田敦彦（2006）．持続可能な教育社会へのホリスティック・アプローチ　日本ホリスティック教育協会・吉田敦彦・永田佳之・菊池栄治（編）持続可能な教育社会をつくる―環境・開発・スピリチュアリティ（pp. 1-7）　せせらぎ出版

Erikson, E. H. (1950). *Childhood and society.* New York: W. W. Norton.
Fantz, R. L. (1966). Pattern discrimination and selective attention as determinants of perceptual development from birth. In A. L. Kidd, & J. L., Rivoire (Eds) *Perceptual Development in children.* New York: International Universities Press.
Gesell, A. L. & Thompson, H. (1929). Learning and growth in identical infant twins: An experimental study by the method of co-twin control. *Genetic Psychological Monograph,* 1, 1-124.
Gibson, E. J. & Walk, R. D. (1960). The “Visual cliff.” *Scientific American,* 202, 64-71.
Harlow, H. F. & Zimmermann, R. R. (1959). Affectional responses in the infant monkeys, *Science,* 130, 421-432.

Harlow, H. F. & Harlow, M. K. (1962). Social deprivation in Monkeys, *Scientific American,* 207, 136-146.
Havighurst, R. J. (1953). *Human development and education.* New York: Longman & Green.
Jensen, A. R. (1968) . Social class, race and genetics: Implication for education. American Educational Research Journal, 5 , 1-41.
Lorenz, K. (1935). Der Kumpan in der Unwelt des Vogels: Die Artgenosse als auslösendes Moment sozialer Verhaltungsweisen. *J. Ornithologie,* 83, 137-213.
Piaget, J. (1936). *La naissance du l'intelligence chez I'enfant* Delachaux et Niestle.
Vygotsky, L. S. (1934). Thought & language. New York: Wiley.

本章の一部は、山本義史（1998）．教育評価　柳井　修・林　幹男・古城和子（編著）　教育心理学の探求（pp.189-216）　ナカニシヤ出版、山本義史（2016）．子どもの発達と教育　山岸治男（編著）学習効果をあげる生活環境―学校と連携する家庭・地域（pp. 3-32）溪水社、に加筆・修正して執筆しました。

第Ⅱ編　教育の計画・課程

―発達を促す教育の設計―

第５章　発達を促す教育の探求

―家庭／地域の伝承から学校教育まで―

本章では、近代以前の村落共同体での人間育成の営みを、産育習俗を中心に確認していきます。近代以前の村落共同体の教育とそれに連動する近代以降の教育を概観することで、無意図的な人間形成作用である「形成」や「共同体における人間形成システム」、さらには近代以降の発達への助成的介入としての教育観の確立につながる人間形成過程への理解を深めましょう。

第１節　村落共同体における子ども観

―産育習俗から学ぶ―

1　村落共同体の教育と形成

近世は、江戸幕府の滅亡までの約300年間の太平下、商品経済・貨幣経済の著しい台頭がみられ、城下町の発達に対して幕藩体制の基盤である農村社会の分解も起こる時期です。

近世社会の特徴は、厳しい身分制度や家長制度に子どもの誕生が左右され、厳重な枠づけにより独自の人格が認められていない社会といえます。次代を担う子どもたちには、その制約内での役割期待にそった成長が望まれたのです。この時代における子どもや若者の年齢区分は、当然ながら階層や地域による差異が認められますが、後述する村落共同体における「若者組」や薩摩藩の「郷中」への加入年齢を踏まえると、15・16歳頃までを子どもとみなし、これらの子ども組織を引退する30歳前後を若者として捉えていたと推察できます。女子の場合13歳頃に娘組に加入して若者になるなど、男女による多少の差異は認められます。

この近世社会は、戦の無い状態の継続がみられたことから、社会秩序の安定や社会の成熟が生まれ、子ども観の発達ともいうべき兆しが一部の先覚者から自覚されてきます。

ここでは、民衆の多数を占める村落共同体における農民の子どもへの人間形成システムを通して、子ども観や産育習俗を検討しましょう。

近代以前の村落共同体では、ムラ社会という共同体の一員としてその社会の秩序や価値観を受け入れる人間形成が問題とされ、そこには共同体を維持する装置としての機能が期待されていました。一般に学校教育のような意図的に人間を成長させようとする意志に基づかずに、人間の成長を支える基本的関係は、互いに影響し合いながらの無意識・無意図的な働きかけである場合が多いのですが、このような様々な関係の中で育まれていく成長を「形成」といいます。ムラ社会の中では、「共同体の教育」と「形成」が融合する形での人間形成が中核にあり、今日においてもそのことはいまだに人間形成の基盤となる役割を果たしています。

日本における近代以前の村落共同体の人間形成を考える前提として、教育に関わる用語の整理から始めてみましょう。教育（education）とよく似た用語である教化（indoctrination）は教育と同様の意味で使われてきた面もありますが、政治的・宗教的な権威を持ち他者を感化する意味があり、教育と教化は共通してように見えるものの、その目的において教育と教化は別の概念です。教育は一人ひとりの人間の自立や主体性に立脚した働きかけですが、教化は社会集団の維持強化を目的に既存の価値や行動様式の内面化を図る働きかけといえます。村落共同体の教育には、共同体を維持するためという点では、教化の側面も認められます。

また、「形成」と教育との関係をみますと、規律のある集団行為や見習いなどの慣行等には人間を形成する力が認められますが、これは社会生活の中の教育や教化とは区別されます。行為や行動それ自体が人間形成に向けて有効に働く作用を意味しますが、この形成力は行為・行動に内在しており、行為や行動から分離して存在するものではありません。この形成（forming）は教育とは区別され、形成作用は教育的に組織されることで、教育の内部に組み込まれることになります。

2 「一人前」をめざす人間形成

さて、現代でも大人になるということを「一人前」という言葉で表現しますが、「一人前」という言葉は一人分の膳を意味し、これが用意されることが社会的に大人を意味することでもありました。この「一人前」は成長期の人間の到達目標となり、子どもたちは「一人前」の大人になることをめざして育てられたのです。そのため村落共同体の生活のあらゆる場面で、大人が協力し連帯して子どもたちを「一人前」の大人に仕上げる働きかけの社会的・地域的な仕組みが構築されていました。そしてそれらは、社会の習わしである「習俗」として定着してきました。現在でも、地方の農村のお寺の境内に置かれている「力石」を見ることがありますが、これは力石を持ち上げることのできる成長を意味し、肉体的に「一人前」を示す基準となっていたのです。これに対し、現代では、成人式は執り行なわれますが、男女による結婚年齢も含め各種法令での成人年齢の差異があるなど、いつからが大人であるかの明瞭な大人像が不在と感じる人も多い状況にあります。

近代以前の社会では、その社会においての長い歴史的に蓄積された習俗（各時代の社会の習わし）としての人間形成システムが、明確な大人としての基準を打ち出す役割を担っていました。この習俗としての人間形成システム（産育習俗）は、社会生活の中のさまざまな形成作用を「一人前」という目標に統合し組織したものといえます。

当時の子どもの置かれていた状況をみますと、太平下の時代といえども農民階級の生活は苦しく、「胡麻の油と百姓は搾れば搾るほど出る」という農民政策の影響もあり過酷な生産労働の日々に追われていました。必然的に「子は親のもの」とする子ども観と貧困からの「堕胎」や「間引き」が行なわれ、大多数の農民の子どもには教育の余地もなく、終日粗衣粗食で家の内外労働に従事する状況が一般的でした。

しかしながら、このような過酷な農村での子どもを取り巻く状況下の中でも、日常の生活や実際の労働を通した実用的な知識や技術の習得の一面も認められます。そこでは、生活に不即不離な形態での人間育成システムが構築されることになりますが、それらは窮屈な拘束のなかでその社会が期待する習俗文化としての機能を果たしていた側面の証左でもあります。つまり、村落共同体社会の教育は、習俗を通して、生活の中で展開されていた点が、現代の学校教育のように生活から切り離された時空間で行なわれるスタイルとは異なる営みといえます。

このように、近代公教育としての学校教育が普及する以前の日本社会には、地域社会独自の人間形成の習俗文化が継承されていましたが、近代における学校教育の拡大を経てもなお、この共同体の人間育成の世代交代システムの名残が認められます。この産育習俗の文化は、日本の地域社会の変容が急激に進んだ高度経済成長期の学校教育拡大（教育爆発）期にあっても学校教育の背後に隠れ潜む存在として、さらには現代においても社会生活のさまざまな場面や学校教育の内部にもその名残がみられます。

現に、三重県鳥羽市答志島で今日まで続いている「寝屋子」制度の風習も具体例として今日まで続いている「若者組」の風習です。世話係の大人のもとで共同生活を送り、漁業を学び、神祭の役割を担い、結婚相手を見つけるための「娘遊び」に参加し、擬制的親子関係や寝屋子兄弟と呼ばれる擬制的兄弟関係などが結ばれます。今日でも10組程度の存在が報告されています。

3　産育習俗における教育観・子ども観

今日みられる文字や記号に基づいた学校教育に対して、習俗としての人間形成文化は非文字文化を基盤に成立していますが、この文化の中では「ことわざ」（言葉のわざ）、「口伝」（いいつたえ）が重要な役割を果たしていました。学校教育は文字・記号を媒介として「知識」を分かち伝える方法が主流ですが、習俗としての人間形成の方法では経験から「知恵」として、技術をコツやカン、ワザとして体得するものとしての認識が存在したのです。

この近代以前の共同体社会は、今日使用される意味での教育という用語が普及していない社会です。そこにおける教育の類似語には養生という言葉もみられますが、一般的には使用されていませんでした。近代以前の教育との類似語をみますと「しつける」「ひとねる」「こやらい」等があり、民衆（常民）が使用した言葉でした。これらの用語からも民衆（常民）の子どもを育てる行為の考え方や子ども観が理解できます。また、これらの言葉は、「一人前」の人間を形成するための働きかけ全体に使用されていました。

例えば、「しつける」という言葉は、田畑に作物を正しく植え付けることを意味する言葉から由来しています。しつけ糸という言葉がありますが「しつける」という言葉は、働きかけ対象の性質・状態を観察して働きかけ続けることを意味したものですし、「ひとねる」という言葉の場合は人間への成長途上にある者を人に練り上げる意味を含んでいます。さらに、「こやらい」という言葉は「子」と「やらう」（動詞やるの変化形）の合成語で、子どもを後ろから押し出し続けるという意味があります。

村落共同体では、人間としての存在途上にあるものを周囲の大人たちがその子どもの性質を観察しながら「一人前」を目標に繰り返し働きかけ、共同体社会に適応可能な存在に押し出し続けることが重要とされていたのです。そこでの子ども観や教育観は、今日の社会に流布しているような大人が子どもたちを教え導くとする常識的なアプローチとは異なります。日本民俗学の祖である柳田國男（1875-1962）は、「教育の原始性」（1946）の中でしつけは戒め又はさとすことであり、これが「シツケの法則」であったと指摘し、共同体社会での「一人前」を目指す人間形成を子どもたちの軌道修正としての装置と捉えています。そこでは、各人が自力で学ぶべき当たり前の習慣としつけを位置づけ、その当たり前の習慣を教えられなくても生活の中で身につけなければならなかったのです。ここにも大人が先に立ち子どもを引っ張る現代の教育観・教育方法との違いがあります。

この「一人前」を目的とする人間形成の仕組みは、子ども期と大人期との両時期を区分する境目を、A・ジュネップ（1873-1957）のいう通過儀礼

（イニシエーション）に置いています。「七つまでは神のうち」と言われるように、神（祖霊神）の世界に属する存在としての時期と、７歳から15歳で「成人式」となるまでの時期区分がみられました。成人式後には未熟ながらにも「一人前」の大人扱いとなり、ムラ社会に存在する結婚前の社会教育的組織ともいうべき若者組や娘組と呼ばれた若者集団に所属することになります。

このような村落共同体にみられる通過儀礼は、人間の個人の成長プロセスで行なわれる人生の儀礼の側面のみならず、その人が所属する文化に固有の価値観や行動様式を獲得し、社会の一員としての帰属意識や連帯感を再確認し補強する機能も有していたことにも注目しましょう。

当時の習俗をみますと、村落共同体社会ではそれぞれの子どもたちの成育段階に即した形成の仕組みを構築し、生後７歳までの時期に成長を確認し励ます諸々の産育習俗を生み出していました。具体的には、誕生前の帯（うぶ）祝い、誕生日の産立飯祝い、産着使用の３日目祝いや７日目の名づけ祝い、お宮参りやお喰初め、１年目の歩き祝い、さらには今日でもみられる七・五・三の行事などです。子どもたちを“ひとねる”ための周到な手続きの創出は、産育習俗としての成長発達の節目行事として執り行なわれ、仮親等の擬制的親子関係に代表されるような周囲からの後押しや神の加護も含め配慮されたものです。

通過儀礼という意味では、７歳での氏子入りの行事がみられます。これは子どもが神（祖霊神）の世界から氏子（共通の氏神をまつる共同体の構成員）として氏神をまつる立場への転換を促すものです。その後は親や地域社会からの本格的なしつけの開始となります。このように、子どもたちは親や地域社会から「一人前」に必要不可欠な生活に即した能力・技能や常識を、共同体社会の「人間形成システム」に則ってしつけられたのです。

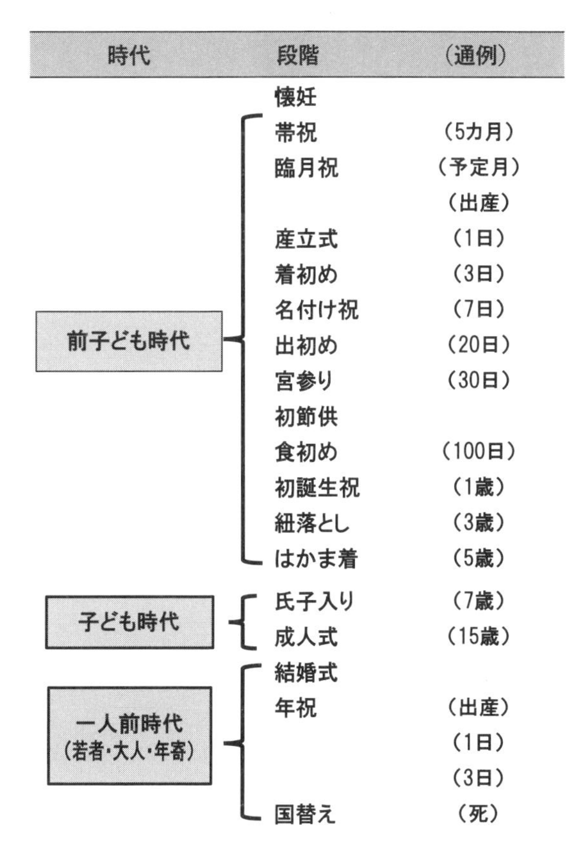

図１　人間の生死過程

木村元・小玉重夫・船橋一男『教育学をつかむ』有斐閣、2019年、p15を参考に著者が作成

その後、男子は15歳の正月に成人式（若者入り）、女子は初潮と同時に成人の祝いがあり、若者・娘とよばれる時期を過ごすことになります。この若者・娘たちは未熟な大人であり、真の大人としての「一人前」の能力を身につけるためのさらなる集団的自己形成の仕組みが用意されていました。親によるしつけの時期は、子ども期が終わると同時に終わることになります。若者や娘は若者組・娘組に参加し、集団的に活動することになり

ますが、若者宿・娘宿などの常設合宿所や集会所の存在もあり、これがいわば青年期対象の社会教育施設の原型として機能していたのです。

4 前近代における子ども期と教育観

伝統的な村落共同体社会では、成人式の通過儀礼により、子ども期と大人期の明確な区分がされていました。現在の成人式は形骸化している感がありますが、本来は他国でも見られるような死と再生の意味を有する、象徴的な儀礼といえます。個人や家族の一員としての存在から、村落共同体の一員として再生する劇的な儀礼でもあるのです。

成人式に参加した若者・娘は、子どもから大人への通過儀礼を経て大人社会に参加した者を意味し、モラトリアム期の存在者としての現代の青年とは区別されます。近代以前の社会には、近代社会のようなモラトリアムの特徴を持つ青年期は存在していないことにも留意しましょう。

社会の近代化のプロセスで、子ども時代、大人時代の中間に青年期が成立してきます。近世のような身分社会の崩壊や資本主義の台頭と共に、伝統的な村落共同体の解体が始まり、通過儀礼の機能も弱体化し、一人前の基準もあいまいになりました。同時に、共同体の縛りからの解放と一人前像が各個人に委ねられます。これが、大人になるための試行錯誤期間としての青年期がクローズアップされる背景に存在する課題です。

エリクソン（1902-1994）の指摘するように、青年期はアイデンティティの混乱・確立の時期であり、モラトリアムは社会的責任を一時的に猶予されることで試行錯誤期を得てアイデンティティ確立に至る期間です。

さて、前近代の社会では、子ども期と大人期の２つの時期区分がみられます。これに対する子ども期、青年期、大人期の３つの区分は前述のように近代以降の産物です。また、村落共同体の人間形成の仕組みには、発達の概念は見られず、発達の事実を自覚的に人間形成の原理として組織されていません。子どもの成育は現代でも単に「大きくなった」と表現しますが、習俗としての人間形成システムによる経験的事実の集積は、実際に人間の発達を促す機能を果たしていたといえます。

このような前近代の「一人前」の人間形成の仕組みは、近代社会への移行や学校社会化により社会生活の表層から消滅した印象を受けますが、現代においても教育の深部で重要な役割（遺産）を有するとの指摘もあります。たとえば、子どもによる義務教育入学以前からの言語能力の獲得に代表されるような事実等です。また、今日でも「地域の教育力」の低下が叫ばれるなかにあって、全国的に各地域における異年齢仲間集団の復活を目指す声も高まっていますが、地域社会の伝統的な子ども集団の弱体化や地域の他者からの「地域の教育力」低下の指摘は、子ども集団の担う人間形成上の役割や意義の再考の機会となるものであり、その地域が織りなす教育的価値の再認識に繋がるものといえるでしょう。

近代においても「子どもと教育の関係」がクローズアップされるまでは、学校教育開始後の女子就学率向上に遅滞が生じた事実が示すように、民衆の理解を得るまでの時間的経過が必要でした。これは、人間には教育が必要だという認識の確立・普及は近代社会の到来と深く関係していることによります。換言しますと、近代社会の到来以前の村落共同体社会における子どもは教育対象の存在ではなく、いまだしつけが必要な存在対象であったといえます。

そこで、子どもに教育が不可欠とする認識の成立を念頭に、近代以前の共同体社会の人間形成観の変遷を見た場合、しつけだけでは対応不可な時代の到来と同時に、①しつけから新しい子育ての方法の模索が始まり、②今日の教育という営みが生み出されてきた、ということがわかります。村落共同体社会崩壊後の近代社会においては、近代国家を支える国民としての力の養成が国家的課題となりますが、18世紀半ば（江戸中期）からの寺子屋の急増や明治初期の地域での小学校の急激な配置の事実は、この歴史の流れを裏づけるものです。

もちろん、近代以降も共同体のための教育の要素が完全に消滅するわけではありません。しかしながら、近代の場合には、共同体それ自体が自立した個人の集合体となります。市民により形成された「市民社会」に変化し、個人の発達のサポートを通して、新しい共同体（市民社会）を形成する人間育成が目指されることになるのです。

第2節　村落共同体における人間育成のしくみ

1　村落共同体の教育作用

一般的に、教育は意図的作用と無意図的作用に分けられます。意図的な作用とは、学校教育のように教師が計画的・組織的に教育方針・目標を定め教育計画を作成して教育活動を展開する場合が該当しますし、無意図的作用は、教育意図の無自覚が前提となります。前者が定型的教育（formal education）と呼ばれ、後者は不定形教育（informal education）として、家庭や日常生活の中での「結果的に生じる学び」に繋がるものです。親の背中を見て育つことも、後者の学びと親和性が高いといえるでしょう。歴史的にみますと無意図的教育作用が主流であった時代から意図的な教育作用重視の時代への移行が認められます。

これまで概観したように、伝統的な村落共同体、具体的には戦前までの村落共同体社会などですが、意図的な場合をも含みながら、無意図的な人間形成が主流であったという特徴があります。例えば、日常的に耳にする「世間が教育する」という言葉が流布されていますが、それが内包する教育の作用は、子どもたちが親以外の地域の大人たちからも意図的な教育と無意図的な教育を受けて育つことへの信頼です。重要なことは、近代以前の社会では、共同体の一員として生きることが定められ、いかに共同体を担う一員すなわちその秩序と価値を受容する人間をつくりあげるかが人間形成の課題であったということです。

また、日本人の伝統的傾向として、親からの厳しい「しつけ」場面を回避し、村落共同体内の他者にそれを委ねる傾向があったといわれます。そうした教育を担っていた他者には奉公先、子ども組、若者組などがありました。日本では「世間が教育する」ことへの期待が存在し、親によるしつけの不十分さをカバーする他者の存在や他人による鍛錬の必要性が認識されていました。

２　子ども組織の存在と教育の特徴

近代以前の共同体での子ども組は、地域を基盤にした異年齢子ども集団ですが、７歳～15歳くらいの子どもにより運営される自治的組織です。日常的には遊びを中心とした子ども組織ですが、年中行事の参加や手伝いなどを通して年長の子どもから年少者への叱咤激励や毀誉褒貶がみられました。その内実は、自治的な子ども組織内での社会規範の涵養や共同体秩序への逸脱への戒めを含むものでした。小正月に行なわれる子ども中心の行事である「どんど焼き」などの行事を通じて、子ども組の年長者（親方や頭）の統率のもとで年少の子ども達にも分相応の役割を与えながら、統率の取れた対応の仕方や善悪の是非を自然に体得させたのです。このことは、宮本常一（1907-1981）の『家郷の訓』（1984）にも如実に説明されています。また、民俗学者の柳田國男は、共同体の子育ての仕組みや特徴について、日本人が「笑いの教育」によって子どもをしつけていたと指摘しています。柳田の理解によれば、ムラの秩序の逸脱者には村八分など重い制裁があるが、具体的な制裁の前段階として、「笑いという」日常的振る舞いを通しての行動規制があり、同じ共同体の成員から「笑われない人」になれとの規制であることが説明されています。この笑いは共同体の他者による嘲笑のことで、他人から嘲笑されないように振舞うことで、恥をかかない凡人としてのしつけに連なるものでした。

近代以前の共同体では、このような「笑いの教育」が特徴的ですが、今日においても、同様のしつけがみられます。人に笑われるとの言動を繰り返してしつけていく例は珍しくありません。アメリカのルース・ベネディクト（1887-1948）は日本の文化を称して「恥の文化」と指摘していますが、共同体の中では、知人関係にあるものからの嘲笑が最大の恥と感じられたのです。子ども達も子ども組などの仲間にも笑われないように配慮しながら、凡人となるよう努めていたのです。ここにおける教育作用の特徴は、諺や箴言などの方法が媒介する人間形成への働きかけといえるでしょう。

このようにみると、伝統的な村落共同体における教育では、意図的教育を含みつつも、現代と比較して無意図的教育の占める比重が高かったことなどが認められますが、近代国家の成立に伴い、かつての村落共同体の崩壊の進行とともに、社会全体の学校への関心が強まり、このような教育作用が弱体化します。今日みられる村落共同体の衰退が住民相互の関係性の分断に繋がり、我が子以外への無関心や村落共同体が担った教育作用を学校に丸投げする傾向を生み出すことなどが指摘されることとの対比で、近代以前の人間育成システムの再考が要請されてくるのです。

結果的に、近代においては学校が教育機能全般を抱え込み、その役割を肥大させるようになりました。従来、子ども達は基本的生活習慣を、地域生活の中で年長者との接触を通して身につけることが多かったのですが、それが困難になったため、学校がその指導を生徒指導という枠組みで行なわざるを得なくなったことも事実です。実際、地域の子ども組等の子ども集団も学校制度の発達につれて次第に消滅するようになりました。現在、地域の子ども会に関与する大人の減少が顕著になり、運営面も大人主導が多く、子ども達の自治組織という特徴の希薄化がおきています。これらの危惧から、無意図的な教育を含む地域の教育力の復興を再生させようとする動きは、現在においても問われる地域の教育力低下対応策であり、重要な教育課題や地域課題となっています。

第３節　子どもの社会化過程と教育することへの自覚

１　近世の子どもを取り巻く状況

ここでは、近代国家確立の途上にある近世の子どもが置かれていた状況から、教育することの自覚の芽生えを捉えてみましょう。近世は織田信長の安土城築城（1576（天正４）年）から江戸幕府の滅亡（1867（慶応３）年）までの時代にあたります。幕藩体制の確立に伴い商品経済や貨幣経済の台頭もみられる状況も生じますが、厳しい身分制度と家長制度が存在し子どもの生涯を規定していました。これまで村落共同体の例で述べてきたように、子どもはこの近世社会の一員として期待された役割を果たすべく成長すべき存在でした。近世における社会秩序の安定や成熟は、子ども観の発達も促し、ルソーによる「子どもの発見」とまでは言えないまでも、子どもと大人を峻別し独立した存在としてみる考え方も自覚されてきます。中江藤樹の『鏡草』や貝原益軒の『慎思録』がその例ですが、具体的装置としては、成長の段階に応じた学習を念頭に用意された藩校や寺子屋の存在があります。このことは、近世という時代の枠組みの中での子どもの生活と成長に即した配慮とみることができます。

さて、「遊びをせんとや生まれけむ」と『梁塵秘抄』（1180）にもあるように「遊ぶ存在としての子ども」観は、厳重な身分制度下にある子どもの生活の中でも連綿と継承され、遊びが子どもの成長に不可欠と認知されるようになります。前代から継承された遊びに加え種類の広がりや内容の豊かさもみられます。かるた、双六、かくれんぼ、おにごっこ、独楽、じゃんけん、竹馬、相撲、縄跳び、お手玉、ままごと、おはじき、雛遊び等、多岐にわたっています。

後期封建社会である近世では、武士の子ども、農民の子ども、町人の子どもといった身分の相違により教育内容も異なります。特権階級の武士の子どもは、武芸の習得は当然ながら武家諸法度にみられるような文武兼備が反映された厳格な教育に繋がり、道場や家塾で武士としてのしつけや作法を習得することになります。そこでの教育方法としては、四書・五経、『小学』、『近思録』の素読からの開始が一般的でした。さらに、近世後半には武士教育を担う藩校の存在があり、儒学の学習を基盤に武芸をみがく治者教育が施されます。代表的藩校としては、弘道館（水戸藩）、造士館（薩摩藩）、興譲館（米沢藩）、日新館（会津藩）等があります。

また、藩の支援を受け藩士や庶民の教育を担う藩校の分校（城外藩士の子弟対象）は、郷学（郷校）と呼ばれました。池田光政が1670（寛文10）年に設立した閑谷学校はその具体例です。

また、家塾や私塾では著名な学者による指導のもとに多くの人材を輩出していますが、漢学塾では、中江藤樹の藤樹書院（近江）、広瀬淡窓の咸宜園（大分）、伊藤仁斎の古義堂（京都）、荻生徂徠の蘐園塾（江戸）、吉田松陰の松下村塾（萩）等が有名で、代表的な洋学塾ではシーボルトの鳴滝塾（長崎）、緒方洪庵の適塾（大阪）、杉田玄白の天真楼（江戸）、大槻玄沢の芝蘭堂（江戸）等があります。当時は、社会教育の前史としての庶民の実践道徳を説く心学を教える石田梅岩の心学講舎（京都）、道徳と経済の融合を説く二宮尊徳の教えを伝える報徳社などの民衆教化の動きも社会的な背景として存在していた時代でした。これらのなかには、明治以降もその伝統を継承している存在もあるのです。

２　身分制による教育環境の差異

また、武士の子どもの社会教育的な子ども組織や若者組織として、「郷中」（薩摩藩）や「お仲間」（大垣藩）等のように、村落共同体の子ども組に似た修養組織がみられます。これらの武士の子どもの自治組織での切磋琢磨の自己修養プロセスは、６歳（「郷中」）や10歳（「お仲間」）から始まり25歳頃（「郷中」）、23歳頃（「お仲間」）までの期間に及びます。これら地域に立脚した組織以外にも、藩を越えた存在が私塾でした。私塾は幕末に多くみられるようになります。私塾は男児が対象となるのですが、女児は貞徳・従順を美徳とし「三従の教え」を各家庭において厳しくしつけられ、四書・五経も学ばれ、たしなみとしての茶道・花道も行なわれました。

また、貢納制で武士の生活基盤を支える存在であった農民の子どもについては、第１節と第２節の村落共同体の人間形成の部分で既に言及済みですが、奉公に出される場合や粗衣粗食で家内の雑務や農作業の労働に参加している者もいました。結果的には、その労働を通して実用的知識や技術を習得する場面もありました。また、近世中期には、商品作物の栽培や販売の必要性から商業的農業も展開され、商人対象の取引の必要性から、帳簿・契約書に不可欠な読・書・算を学ぶための寺子屋が普及しました。さらには成人対象の教諭所や郷学も設立され、農村の子ども・若者の教育を支えていたのです。

生活即教育というべき独自の自治組織である子ども組等の存在については既に言及済みですが、子どもは異年齢自治集団である子ども組に所属し、子ども集団の一員としてムラの祭り等の年中行事に参加し（正月の火祭り、七夕、夏の虫送り等）、遊び仲間の集団遊び（鬼ごっこ、かくれんぼ等）の主体・継承者として生きてきました。この子ども組の活動は結果的に社会性や共同体の子ども文化の形成・継承に直結するものです。子ども組には７歳くらいに加入、15歳くらいに退会して上級の自治集団の若者組に移行する仕組みで、30歳くらいに若者組を退く流れになります。この間に、一人前の農民として体得すべき基本的事柄を自然に学び、自立と自治の精神を培い、地域生活に必要な作法や心得、村行事などの技術・道徳などを習得しました。女子の場合は、子ども組に従属する形態での組織となり、その後の若者組に相当するものとしての「娘組」や「娘仲間」などがみられます。

町人や職人の子どもに着目しますと、近世における貨幣経済の発展は封建体制の打破や商業を基盤とする町人の台頭を招来させることになり、商取引に不可欠な算用帳合の基礎教育が必須となります。このニーズに対応するものとして、文字習得を前提とした寺子屋が近世中頃から普及します。寺子屋は近代の学校教育との関連からも、自然発生的に生まれてきた注目すべき庶民の教育機関といえます。寺子屋は近世庶民の子どもに「読み、書き、算盤」を教える教育機関であり、その由来は中世に発生する寺院の世俗教育機関ですが、中世に庶民対象の世俗教育機関として普及します。子どもたちは６歳くらいから14歳前後まで寺院に住込んで学習生活を送り、寺子と呼ばれたのです。近世に寺とは別な施設が現れ、寺子の言葉が残り、江戸時代に子どもを教える施設を称して寺子屋と呼ぶようになりました。最初は、江戸、大阪、京都などの都市部に、その後地方都市や農山漁村にいたる広域普及となります。多くの人々の教育要求に支えられた背景には、産業、交通、流通の発展や貨幣経済の進展の中での庶民の生活にも読み書きの必要性が高まり、加えて為政者による封建的秩序保全を目的とする設立の奨励も要因と思われます。

この寺子屋の師匠は、僧侶、武士、神官、医師、庶民と多岐にわたる職業や階層からなる特徴があります。なかには女性の師匠もいましたが、筆子とも呼ばれた寺子は、５歳か６歳頃から３～７年間通い、異年齢の集団を形成しています。学習内容としては、手習い（習字）をベースに往復書簡などの手紙形式の「往来物」が教材として使用されていました。往来物は平安時代からのものですが、近世には多種多様なものが現れ、用途に応じて『百姓往来』、『商売往来』等の産業往来物や『実語教』、『庭訓往来』等の教訓的な種類、『童子教』等を教材としての読・書・算の学びが中心となります。内容的には、日常生活に必要となる実用的知識（消息、地理、歴史、女子対象の道徳など）・文字の修得が中心となります。

寺子屋の授業風景は、1780（安永９）年に出版された『絵本弄』などで窺うことができますが、テキストは師匠の自筆も多く、「手習い」といわれる自習が基本となり、必要な場合に師匠が一対一で教える形態でした。一斉授業ではなく個別指導であり教え方の様式も存在せず、教室の規模や机の配置も統一されていたわけではありません。

この寺子屋の普及ということに関しては、外国の研究者であるスーザン・B・ハンレー（1820-1906）の『江戸時代の遺産―庶民の生活文化―』の記載にみられるように、７割から９割に近い就学率があり、イギリスとの比較（２割～2.5割の学校就学率）で説明されている点は、興味深いものです。近世における日本の寺子屋数は不明確ですが、５万以上との推測もあり、地域格差はあるものの江戸では９割近い割合の就学率が認められています。この事実から、明治期の近代公教育成立期の急速な小学校普及の基盤としての寺子屋の存在が注目されてくるのです。

また、女子の場合はお針屋での裁縫に加え手習いの必要性が生じ、『女庭訓往来』や『女商売往来』、儒教的女性像に立脚した教訓書の『女実語教』、『女童子教』、『女大学』が手習い教材・教訓書として使用されています。

次に、町人の子どもの場合で見ていきましょう。寺子屋での教育後には同業者への徒弟奉公となりますが、10歳前後で丁稚として店頭の雑務や家事労働への従事となります。仕事の合間や閉店後の読・書・算の習いとなるケースも多く、17歳前後からの「手代」、30歳前後からの実家の跡継ぎやのれん分け、番頭などに就いたりしました。

また、職人の子どもに言及しますと、町人の子どもと似た状況があり、12歳前後から親方宅の住み込みが開始され、家事の手伝い、職人の雑役などに従事し、親方の仕事を見ながら職人としての技術の習得となります。一般的には、21歳前後での年季明け後にお礼奉公してから、一人前の職人としての独立となりますが、ここでは弟子教育の方法の系統性は意識されずに「見よう見真似」の鍛練的で厳格なものであり、技術の習得のみならず苦労の体験が人間陶冶に必要と考えられていました。この奉公制度は、村落共同体における他者からの教育、つまり「世間が教育する」流れに与するものであり、女子における「お屋敷奉公」（家事手伝い、手習い等の修養）や「女中奉公」（過酷な家事労働等）にも通じるものでしたが、富める者には「嫁入り支度」、貧者には過酷な労働であったことは想像に難くありません。

さて、近代社会は個人主義の社会であると同時に、競争原理が全面に出てきた能力主義の社会でもありますので、教育の営みは新しい能力主義の社会に当初から巻き込まれることになります。近代国家が教育に積極的に関与する時代が始まると、教育の目的や内容は親の教育要求からも分離し、国家の要求の反映が色濃くなります。

用語的にみれば、教育は教授学習過程（教える－学ぶ）の行為一般を対象として示す場合と、発達論が構成要素として介在する近代的養育概念を内包して使用されることもあります。広義の用法は、教育は人類の歴史の誕生と同時に始まり、狭義の用法では、教育という言葉は近代社会の産物となります。

歴史的理解としては、教育（education）という言葉が現在と同義語として使用されるのは、近代以降ということになります。歴史的に教育という言葉には広義の用法と狭義の用法の２つがあることを押さえたうえで、次章の近代公教育の確立と教育課程の様相を学んでいきましょう。

参考・引用・紹介文献

A・ジェネップ、秋山さと子・彌永信美訳（1977）『通過儀礼』思索社
阿彦忠彦他編著（2013）『よくわかる教育学原論』ミネルヴァ書房
安彦忠彦・石堂常世（2020）『最新教育原理』勁草書房
岩下誠他（2020）『問いからはじめる教育史』有斐閣
江藤恭二・篠田弘・鈴木正幸編著（1992）『子どもの教育の歴史』名古屋大学出版会
尾崎博美・井藤元（2018）『ワークで学ぶ教育課程論』ナカニシヤ出版
海後宗臣・仲新（1979）『教科書でみる近代日本の教育』東京書籍
唐澤富太郎（1976）『教育研究全集第２巻日本の近代化と教育』第一法規出版
木村元・小玉重夫・舟橋一男（2019）『教育学をつかむ』有斐閣
定本柳田國男集（1970）第29巻所収
佐藤光友・奥野浩之（2020）『考えを深めるための教育原理』ミネルヴァ書房
スーザン・B・ハンレー、指昭博訳（1990）『江戸時代の遺産―庶民の生活文化―』中央公論
田嶋一・中野新之祐・福田須美子（2019）『やさしい教育原理』有斐閣アルマ
田中耕司編著（2018）『よくわかる教育課程』ミネルヴァ書房
田中耕治他（2018）『新しい時代の教育課程』有斐閣
田中耕治他『新しい時代の教育課程』有斐閣
広岡義之・津田徹（2019）『はじめて学ぶ教育の精度と歴史』ミネルヴァ書房
森田健宏・田瓜宏二（2018）『教育原理』ミネルヴァ書房
山住正巳・中江和恵編（1976）『子育ての書』平凡社

第６章　教育目標の達成と教育課程

―潜在的教育課程から学校の顕在的教育課程へ―

日本の顕在的教育課程は近代公教育制度の確立期である明治期に始まり、また戦前と戦後ではその内容が異なります。戦後の学習指導要領も時代ごとに教科中心主義と経験中心主義のせめぎ合い状態が続きました。各時代の教育政策や社会情勢を反映させながら模索されてきた学校における教育内容や学習指導要領の変遷等を概観し、近代教育と教育課程についての理解を深めましょう。

第１節　近代公教育制度の確立と教育内容

１　学校制度の確立と明治期の教育

我が国における「近代学校」の前史となる江戸時代の日本では、身分制度を背景に武士の子弟を対象とした論語中心の藩校や、庶民対象の３Rs（読み・書き・算盤）を教える寺子屋等が主流な学習機関でした。身分制度に制約された学びの場として藩校や寺子屋がありますが、藩校では武士の子どもが儒学を中心とした「素養」を学び、寺子屋では庶民の子どもが「読み・書き・算術」を習っていたのです。

近代教育は、寺子屋に代表される個別対応形態と異なり、教師と児童・生徒との関係は、制度化の枠内での成立を前提とすることに変化しました。

この取り換えの可能な関係性は、公教育の在り方に関わる「教育における教師と児童・生徒間の関係性」を問う課題として常に問い続けられています。

近代日本の公教育成立のプロセスを時系列で辿ると具体的にどんな動き

が確認できるでしょうか。

明治維新期に新政府は西欧の列強を意識しつつ、近代国家創出を目的に富国強兵を推進しますが、同時に国民統合や産業化に不可欠な教育に注目します。教育が近代国家創出の手段と位置づけられたといえましょう。

1869（明治２）年の地方行政指針「府県施政順序」にも「小学校ヲ設クル事」が示され、小学校設置に着手することになります。

明治期の1871（明治４）年に文部省が設置され、国民教育制度の整備の開始となります。翌年の1872（明治５）年９月に「学制」が公布され、日本における近代学校制度の発足となりますが、学制公布以前にも京都の番組小学校や名古屋の義校等が設立されています。京都の番組小学校の場合、住民自治組織の「番組（町組）」を単位に創設された64校が確認され、日本初の学区小学校として有名です。

さて、フランスの教育制度を参考に公布された学制は、公教育制度の始まりとなりますが、近代国家を目指す「日本国民」を育成する目的を持つものです。学制の構成は、「大中小学区ノ事」「学校ノ事」「教員ノ事」「生徒及試業ノ事」「海外留学生規則ノ事」「学費ノ事」の６篇109章から成り立つものです。学制公布前に出された学制序文と称される「学事奨励ニ関スル被仰出書（おおせいだされしょ）」（太政官布告214号）には、近代公教育の目的を「身ヲ立テ産ヲ治メ業ヲ昌ンニスル」ことにあり、「身ヲ立テル財本」（立身治産）としての学問の必要性を謳っています。

新しい学校については、身分にとらわれない国民皆学が強調され、欧米の近代思想の影響を受けた個人主義、実学主義に立脚した教育観に立つものでした。そこで示された壮大な計画では、全国を８大学区（後に７学区）として、その大学区を32の中学区に分け、全国で256の中学校設置を目指し、中学区を210の小学区に分け、53,760の小学校設置が予定されていました。

実際には、藩校、寺子屋、塾等を基盤に２万6000余の小学校が作られています。そこでの修業年限は、小学校を下等小学４年（６歳～９歳）と上等小学４年（10歳～13歳）に区別するように構成されていました。これに合わせて、1872（明治５）年の９月に「小学校教則」が出され、ここに日本で最初の小学校の教育課程が規定されることになります。そこに示された教科内容は、綴字や文法、算術（共通科目）などの３Rsだけでなく、唱歌や体術、上等小学では史学大意や博物学大意、化学大意や外国語学（随意科目）等の高度な内容も含まれていました。また特色としては、課程を修了することを試験で確認し、合格すると進級する制度を採用していた点です。このように、実際の内容を履修・習得したかどうかを進級の基準とすることを履修主義（等級制）と呼びます。そこでは、等級ごとの試験に合格すれば飛び級も可能であり、不合格の場合には原級留置（落第）となるしくみでした。今日のような同一学年で学級を編成する「学年制」は1885（明治18）年からですが、1891（明治24）年の「学級編成等ニ関スル規則」から始まります。

では、近代学校の成立による教育の風景、具体的には授業形態などの変化はどうでしょうか。1894（明治27）年に発行された『校訂尋常小学終身書』掲載の挿絵などからも窺えるように、一人の教師が児童全員に同じ内容を教える一斉教授法の定着が指導形態の転換として特徴的です。教師が教壇に立ち、黒板を背に児童・生徒が教師と対面すると同時に児童・生徒は同等の学友関係となり、教師と児童の近代的な関係の構築が一般化します。

近代以前の寺子屋にみられる個別指導形態から一斉授業方式への転換は、文部省が学制発布時に東京に設立した師範学校からの影響が全国に波及したものです。アメリカ人教師のスコットの招聘後の一斉教授方式の実演に由来するものです。

さて、教育課程は戦後におけるCurriculum（カリキュラム）の訳語で、用語的には学校制度の確立期には見られませんが、ここでは学校で実施される教育の目標、内容、指導方法、授業時数等の詳細を記した「教育計画」として把握しながら用語的に使用していきます。

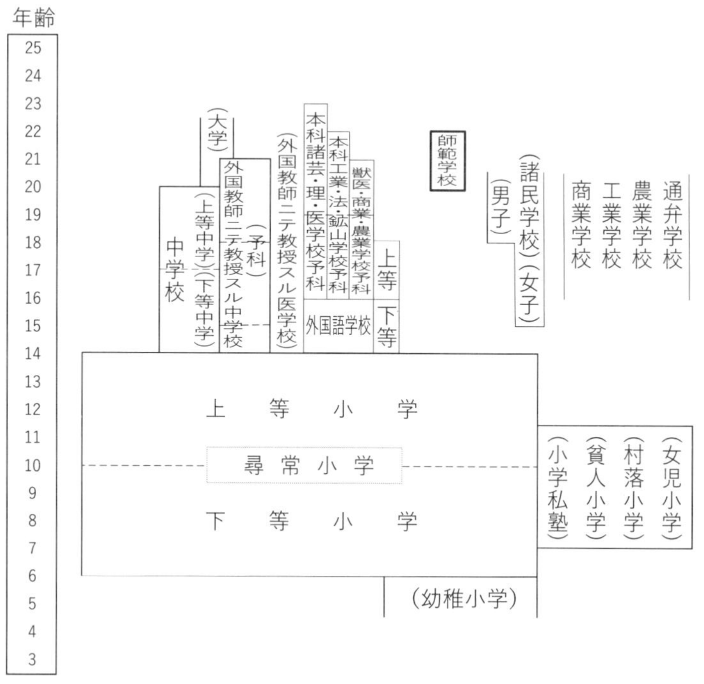

図1　1873（明治6）年の学校系統図

出所　文部省　1992 p762

2　修身中心の教育課程

1879（明治12）年4月28日には就学率の停滞もあり、これを打破する目的で「教育令」が出されました。しかし、この教育令は、地方分権的・自由主義的（自由教育令と呼ばれた）な学校設置義務の緩和や公立から私立への転換をもたらすなど、さらなる教育衰退をまねいたとして、政府は1年余りで改正し再度中央集権的で干渉的な教育政策へと方向転換します。同年、明治天皇から下された「教学聖旨」は学制以来の欧米主義教育から儒教主義的復古思想による徳育重視への転換の契機となります。そこでは、教学の根本は仁義忠孝を明らかにすることとし、道徳重視が強調されました。

翌年の1880（明治13）年12月28日には教育令（自由教育令）が改正（改正教育令）され、この時期から教科ではこれまで最下位であった修身が最初に置かれ、以後筆頭科目として重視されていくことになります。この儒学を中心とした徳育重視の方針から、改正教育令で示された小学校で学ぶべき教科は、修身、読書、習字、算術、地理、歴史とされ、状況に応じて罫図、唱歌、体操、物理、生理、博物の大意を教え、女子には裁縫を加えることになりました。

このように教学聖旨の徳育重視の教育課程への反映があり、明治10年代の初期には、徳育重視の教育政策に方向転換されます。翌年の1881（明治14）年には「小学校教則綱領」（文部省令）が出されました。これは当時の文部大臣が教育課程の基準として定めたもので、今日の学習指導要領の原型ともいうべきものです。内容としては、小学校初等科の学科は、修身、読書、習字、算術の初歩、唱歌、体操を、小学校中等科ではこれに加え、地理、歴史、図画、博物、物理の初歩、裁縫（女子）を、小学校高等課程ではこれらの他に科学、生理、幾何、経済の初歩か家事経済の大意（女子）を、それぞれ教えるというものです。

この小学校教則綱領制定により、はじめて小学校を義務教育化することが規定され、1886（明治19）年の「小学校ノ学科及其程度」の中で、学科目や授業の日数・時数が定められます。1885（明治18）年に内閣制度が施行され行政機構の整備が推進されますが、伊藤博文内閣成立と同時に初代文部大臣に森有礼が就任します。森は翌年には「帝国大学令」「中学校令」「小学校令」「師範学校令」を制定し、国民教育の目標を「善良ナル臣民」育成とし、国家主義教育制度の創出に着手します。教師養成にも力を入れ、師範教育では「順良」「信愛」「威重」の気質を重んじ、軍隊的な寄宿舎制度や兵式体操の導入がみられました。

この時期、子どもの生活経験や身近な現実を起点として、子どもの「心の能力」開発を目的とするペスタロッチが提唱した直観教授法の普及や影響もみられます。

3　教育勅語と教育内容

1886（明治19）年には、小学校令等の諸学校令が出されますが、前述したように内閣制度の発足と同時に就任した森有礼初代文部大臣は、欧米の教育制度をふまえながらも、日本の実情に合うような学校制度の構想づくりに尽力します。森は「帝国大学令」「師範学校令」「中学校令」「小学校令」を公布し、明治期の学校制度の基本体系を構築しました。

1889（明治22）年には、大日本帝国憲法が発布され、天皇を元首とした日本の国家体制が固まっていくなか、1890（明治23）年10月には全文315字の「教育に関する勅語」（教育勅語）が出され、教育の目的は国体を守る臣民教育とされ、修身を中心に捉えた学校教育が進められることになります。これにより、歴代天皇の教え（遺訓）を踏まえた14の徳目の履行が求められ、「孝・和」などの儒教的徳目や国体を基軸とする「博愛」「国法順法」などの近代的市民道徳の徳目が強調されます。

これらは地方官会議における徳育に関する建議をふまえ、井上毅と元田永孚が中心となる教育勅語の起草からなるものですが、忠君愛国の精神涵養に基づく臣民教育が強調され、その後の教育全般に絶対的な影響をもたらすことになります。

また、1890（明治23）年改正の第３次小学校令等の諸規則で、昭和までに及ぶ教育大綱が方向づけられ、尋常小学校での作文や読書、習字が国語科となり、体操が必須科目となりました。翌年の1891（明治24）年「小学校教則大綱」（文部省令）が公表されましたが、ここでは道徳教育・国民教育の重視と、知識技能は日常生活に必要な事項を反復練習して習得することが規定されます。

さらには、1890（明治23）年を一つのターニングポイントとして近代学校に大きな変化が現れるのですが、授業料の無償性や教科書の国定制の実現、学年ごとの学級編成の仕組みである学年階梯制の実現もその具体例です。教科目では、国語科の新設置による標準語教育に基づく日常語統一も行なわれ、小学校への就学率が高まり、ここに事実上の国民教育が確立することになります。

この時期の教師の服装は和装から洋装へと変化し、軍服姿の教員の出現となります。これは初代文部大臣の1886（明治19）年に出した政策の反映されたものであり、臣民教育の立場から「従順」「友情」「威儀」を教師の重要資質とするものです。教育の僧侶としての教師に献身・自己犠牲を要請するものですが、師範学校令での兵式体操の必修化、全員入寮制による軍隊式訓練を推進する方向に進んでいきます。このような政策を受けての教師像、つまり聖職者としての教員像が確立されることになります。1890（明治23）年以降の学校教育は、天皇の忠実な臣民を育て、国家の構成員を育てる（国民教育）という方向に動いていく点に着目することが必要でしょう。

また、教育内容面では「小学校教則大綱」に基づき、府県知事は府県の学級編成及び修業年限に応じて科目の教授程度（小学校教則）について定めるものとし、校長は小学校教則に従って教授細目を定めるものとしました。こうして、教育内容を国（小学校教則大綱）➡府県（小学校教則）➡学校（教授細目）の流れで、それぞれに規定するという制度が確立したのです。

４　国定教科書と諸外国教授法

現在の学校教育において使用されている教科書は、国により検定を受けたものと、国から発行されるものを使用しています。かたや明治期の日本における教科書制度の流れをみると、①認可制（1883（明治16）年の教科用図書認可）➡②検定制（1886（明治19）年の教科用図書検定条例、内容を国が検討する）➡③国定制（1903（明治36）年の小学校令改正、国が著作権をもつ）へと変遷しています。

この国定教科書制度の確立は、後の国民道徳思想の形成を掲げる教育内容統制の本格化の契機となります。さらには、1900（明治33）年改正の第３次小学校令での諸規則で、昭和初期までの大綱が方向づけられることになります。この改正では、読書・作文・習字が国語に統合され、尋常小学では体操が必須科目に体操が加えられています。既述したように、1903（明治36）年の改正で、教科書の検定制度が国定制に変更となっています。

1907（明治40）年には、義務教育が４年から６年に延長されますが、教科目関連をみると1911（明治44）年の小学校令改正では、商業もしくは農業の１科目が必要とされ、英語は削除されています。ここで、教科書の国定化と重なる時期の教育内容や教授法の動向をみると、この時期の傾向としては、ペスタロッチの開発教授に代わるものとして、教科中心・教師中心の教育の代表としての存在である、ヘルバルト主義教育学の影響を受けた実質陶冶論が強調されます。この背景には、日本における資本主義の発達に呼応して、知識や技能の内容が重視された事情があります。この小学校令の改正により、明治期の教育課程への国家統制強化推進と商業や農業などの実務教科が重視されることになります。

さて、明治期に始まる教師教育に影響を与えたこのヘルバルト学派ですが、教授学を学問的に体系づけたヘルバルトの教育学は、道徳性の涵養を教育の目的に置き、その目的達成のために「管理」「教授」「訓練」といった働きかけを重視するものであり、後にツィラーやラインにより教授の５段階「予備→提示→比較→総括→応用」として具体化されたものとなっています。この５段階教授法は普及過程で「予備→教授→応用」のように３段階にされるなど形骸化した側面もあり、第一次世界大戦後のヨーロッパからの「新教育」運動の潮流が拡大し、従来の学校教育の画一的で一方的なヘルバルトにみられる「管理・教授・訓練」を称して「旧教育」として批判することにもなるのです。

5　大正自由教育と教育課程

日露戦争後、1910（明治43）年の韓国併合や1914（大正３）年の第一次世界大戦への参戦という帝国主義路線が推し進められます。教育関係では、内外情勢への状況を踏まえた教育方針の検討のため、政府は寺内内閣直属の教育諮問機関「臨時教育会議」を設置し、1917（大正６）年から1919（大正８）年まで教育制度に関わる９事項の答申や「兵式体操振興ニ関スル建議」などの特別建議を打ち出し、これが政府の教育改革に影響を与えました。

その後1925（大正14）年の陸軍現役配属将学校配置令により、軍事知識の付与や軍事教練の為の現役陸軍将校が全国の中等学校以上の学校に配置され、兵式体操は学校体操教授要目において「教練」と改称されます。次の年には教練教授要目が定められ、軍事教練の指導となるなど独立教科の観を呈するようになります。

この大正期ですが、第一次世界大戦は連合国側の勝利となり、国際協調主義のうねりの中、世界的な民主主義の波及が我が国においてもみられます。教育界においても、画一的・注入主義的教育への批判がみられ、子どもの自発性や個性の尊重に立脚する自由主義的教育運動が展開されることになります。これが、いわゆる大正自由教育（新教育）運動です。

特に1910年代から1920年代にかけて、民間では、世界的な新教育運動の余波を受け、自由主義的、児童中心主義に立脚した子どもの自主性や自発性を重視する教育改革運動の展開がみられ、大正自由教育運動と呼ばれます。経緯としては、19世紀末から20世紀初頭にかけて、ヨーロッパやアメリカを中心に新教育運動が起こり、モンテッソーリ、エレン・ケイといった児童中心主義・経験主義者によって新しい教育論に展開があります。この新教育運動が日本にも多大な影響を与え、エレン・ケイ（1849-1926）『児童の世紀』の翻訳（1916）やドルトン・プラン、プロジェクト・メソッド等の教育思想が注目されました。この大正自由教育運動が最も盛んに行なわれたのは1921（大正10）年頃でした。

特徴的な取り組みとしては、「個性尊重」「自然に親しむ」「心情」「科学的研究を基とする」教育を掲げた1917（大正6）年の沢柳政太郎（1849-1926）の成城小学校の創設やドルトン・プラン（個別学習指導）の導入、河野清丸（1873-1942）の日本女子大学豊明小学校や西山哲司（1883-1939）の帝国小学校などでの自由主義的な教育実践等が挙げられます。その後、これらの私立学校のみならず国公立の学校まで波及します。1919（大正9）年の手塚岸衛（1880-1936）が中心の千葉師範付属学校における「自由教育」展開（自学・自治・自由による）、奈良女子高等師範附属学校主事木下竹次（1849-1926）による「学ばせる教授法」による「合科学習」（生活即学習に立脚）等がその例です。及川平治（1875-1939)、小原国芳（1887-1977）を代表とする教育者の活躍もありました。彼らの共通点は、教科の枠にとらわれず子どもの活動に即した教育を試みた点です。

また、芸術分野における鈴木三重吉が1918（大正７）年に創刊の『赤い鳥』による童謡や童話の創作・普及運動があります。さらには、東北の綴方（作文）教師から始まる生活綴方教育も国定教科書に縛られない科目での、生活認識の深化や『生徒指導』への取組みが1930年代に各地で展開されます。『北方教育』や『綴方生活』の発行もみられ、明治以降の欧米モデルの近代教育とは異なる近世の手習教育文化とも通じる、綴方という「書く」行為での主体的手法の展開がみられました。この都市中間層対象の新教育運動や地方農村での生活綴方運動は、明治以降の画一的学校教育に対し、子どもの自発性の喚起を促した点において共通しています。

この大正自由教育運動は、大正デモクラシーを背景として一時的な盛況をみせますが、限られた期間の実践にとどまり視学制度や国定教科書などの制約も受け、国家主義の教育体制に吸収されていきます。

また、大正デモクラシー期以降は、国民を臣民から「公民」（市民）とし、政治社会の担い手に位置づける議論もみられ、公民教育論が展開されました。田沢義輔（1885-1944)、川本宇之介（1888-1960）などが代表的な論者であり、国民を政治社会の主体である市民とみる捉え方が萌芽的に存在していたといえましょう。

第２節　我が国における教育課程の変遷

1　戦争と教育課程

1931（昭和６）年の満州事変、1937（昭和12）年の日中戦争と、次第に日本は戦時体制に突入していきます。超国家主義が推し進められた1938（昭和13）年には国家総動員法が公布され、戦争に勝利するための教育が学校にも浸透していきます。戦時体制への一翼を担うことが教育にも求められ、

1935（昭和10年）には、自由主義思想や社会主義思想を排除し、国体観念を基調とした教育振興を推進する「教育刷新評議会」の設置となります。その答申では政治や祭祀との合流が謳われ、1937（昭和12）年の文部省教学局設置や「国体の本義」刊行につながります。日本精神や国体観念に基づく国民思想の徹底が図られ、同年設置の「教育審議会」の答申をうけ、1941（昭和16）年に「国民学校令」の公布となり、「国民科」が設置されます。そこでの教育目的は、国民精神を体現し、国体への確固たる信念や皇国の使命に対する自覚が強調され、戦争を聖戦とし、国家目的である戦争遂行に順じた「皇国民」錬成が目指されました。この国民学校令の第1条には、「皇国ノ道ニ則リテ初等普通教育ヲ施シ国民の基礎的錬成ヲ為ス」ことが目指されています。また、義務教育の初等科6年、高等科2年となる義務教育延長が実現します。この間、1939（昭和14）年に出された「青少年学徒ニ賜ワリタル勅語」の同年には武道が小学校に導入されています。

このように、大正時代から昭和に入る1937（昭和12）年の教育審議会設置後から1941（昭和16）年まで七つの答申と四つの建議が提出されました。1938（昭和13）年の「国民教育ニ関スル要綱」では、従来の学校が「国民学校」に改編され、結果的に1941（昭和16）年の国民学校令公布となりました。その内容は、学校への国家統制強化と修身を中心とする第三次小学校令（1900年）の方針継続と、国体の本義実現のための「皇国民錬成」教育機関としての国民学校の位置づけでした。

小学校は「国民学校」に改称されますが、国民学校の目的は、「皇国ノ道ニ則リテ初等普通教育ヲ施シ国民ノ基礎的鍛錬ヲ為ス」ことが記されています。国民学校令では教育勅語同様に「皇国ノ道」が強調され、5教科編成つまり国民科（修身、国語、国史、地理）、理数科（算数、理科）、体練科（武道・体操）、芸能科（音楽・習字・図画・工作・裁縫）、実業科（農業・工業・商業・水産）の大きな統合が行なわれています。

この時期の教育課程の特色としては、国民学校初等科（従来の尋常小学校、6年）の教科目を大きく4教科（国民科、理数科、体錬科、芸能科）にまとめていることです。（高等科2年にあたっては実業科を加え5教科）

また、国民学校の教育課程のそれぞれの教科目的については、「国民学校令施行規則」に定められています。また、国民学校の多くの時間は体錬科や芸能科であり、心体の鍛練を通して奉公する身心養成や音楽や工作作業での「情操ノ醇化」が国民生活の充実に繋がることが期待されました。高等科での実業科の場合には、商業や産業に関する知識の獲得や勤労精神・習慣が重視され、国家的な使命の自覚を促す素地を培うことが強調されていました。このように、国民学校期の教育課程は、新教育運動の影響を受けた大正自由教育期での、子どもの自主性や自発性を重んじる教育課程や教育方法とは大きな違いがあります。すべての教科や活動が、国家の繁栄に直結するものとして、皇国民錬成の観点からの求められる資質の涵養に教育課程の内容が制約されていました。

このような状況下においても、大正自由教育期の総合授業（総合教授）が認められていたという指摘もあります。「買い物ごっこ」等の総合授業ですが、総合授業は、前述した奈良女子高等師範附属学校主事の大木下竹次の強力なリーダーシップに端を発した学科課程再編論に連なるものです。自学自習や中心統合法に代表される授業改造や国定教科書再編に関連する「合科学習」実践と言えます。小学校低学年児童の実態が、国定教科書の枠組みになじまないので、発達論をふまえた教科再編論から小学校教育全体の教科再編や教育課程構築への発展を目指した取り組みでした。

1930年代においても総合教育や総合教授の議論があり、教育界におけるカリキュラム改造議論として盛り上がりを見せますが、竹下の内発的教育課程論の脈絡を継承するものであるのかは検討の余地があります。

さらに1941（昭和16）年の太平洋戦争の開戦後、1943（昭和18）年の「教育ニ関スル戦時非常措置方策」での在学期間短縮や学徒勤労動員の延長がみられました。ついには1944（昭和19）年の「学徒勤労令」の公布に伴う全ての学徒対象の学業放棄、1945（昭和20）年には「決戦教育措置要綱」の決定、「戦時教育令」の公布と続き、８月にポツダム宣言受諾と同時に戦争の終結となりました。

さて、戦前の「教育課程」は、暗唱型とされ、「つめこみ型」の教育であったことが指摘されます。また、既述したように教育内容については国が教育課程の枠組みを決定し、都道府県がそれに基づいた規則を作成し、学校で詳細な内容が定められていく流れになっていました。

戦後になると、こうした国家中心的な教育課程が国家体制の維持、戦争遂行に資するものであったという反省が強調され、児童中心主義の生活経験カリキュラムを多く取り入れた教育課程が編成されていくことになります。

表1　戦前の主要規定（教育課程関連）

1872（明治5）年	学制公布、小学校教則
1879（明治12）年	教育令（自由教育令）
1880（明治13）年	改正教育令（「修身」の重視）
1881（明治14）年	小学校教則大綱（学習指導要領の原型）
1886（明治19）年	小学校令、中学校令、師範学校令、帝国大学令
1887（明治20）年	徳育論争（～1890年）
1889（明治22）年	大日本帝国憲法
1890（明治23）年	教育勅語、改正小学校令
1891（明治24）年	小学校教則大綱
1903（明治36）年	改正小学校令（国定教科書制度）
1907（明治40）年	改正小学校令（義務教育が6年に）
1941（昭和16）年	国民学校令

2　戦後の教育改革と教育課程

広島、長崎への原爆投下の後、日本はポツダム宣言を受諾、無条件降伏を受け入れ、1945（昭和20）年の敗戦を迎えました。同年の9月には「新日本建設ノ教育方針」を公表し、これまでの軍国主義を改め天皇制を維持しながらの民主化に基づく教育改革路線を打ち出します。しかし、連合国軍最高司令官総司令部（GHQ）は、いわゆる「四大指令」を発令し、極端な軍国主義や国家主義の禁止、軍国主義的教員の教職追放、国の神道関与の禁止、修身・日本歴史・地理の授業停止が決定しました。さらに、翌年の1946（昭和21）年には米国の第一次教育使節団が来日し、国家主義的教育の否定と民主化推進の報告書を提出し、これを受けて内閣の諮問機関としての教育刷新委員会から建議が出され、戦後の教育改革が開始されることになります。

1946（昭和21）年の日本国憲法発布、1947（昭和22）年の教育基本法制定となります。この日本国憲法26条には、国民の教育を受ける権利が明記され、教育が国民の三大義務から「権利としての教育」へとコペルニクス的転回となりました。教育の義務に関しては、保護者には子どもに普通教育を受けさせる義務、国には無償による普通教育の機会を保障する義務があると示されたのです。また、1947（昭和22）年公布の教育基本法については、日本国憲法の理念を受け、準憲法的な存在ですが、そこには戦後教育の基本理念が示されています。教育の目的として、「人格の完成」や「平和的な国家及び社会の形成者」としての資質の育成が掲げられ、個人の価値や自主的精神の尊重、日本国憲法の謳う国民主権を担う主権者教育が強調されています。

しかしながら、1950（昭和25）年の朝鮮戦争の勃発と同時に日本占領政策の方向転換が図られ、1953（昭和28）年の池田・ロバートソン会議後には「教師の倫理綱領」が定められ、教科書検定体制強化、教育行政の中央集権化（学習指導要領の法的拘束力化等）が推進されます。これが、いわゆる「教育の逆コース」と呼ばれるものです。

さて、教育内容に直接影響を及ぼす「学習指導要領」は、第二次世界大戦の占領統治下で日本の民主化を指導したアメリカ合衆国のもとで作成が始められました。そのため、とくに戦後初期のものはアメリカ合衆国の影響が強いと考えられています。

殊に、教育課程や学習内容の扱いと深く関係する戦後初期の場合でみると、GHQ（連合国軍総司令部）統治下に置かれた日本は、教育における超国家主義的要素の徹底的な排除と民主的で科学的な内容編成、学校の実情に即した教育課程の工夫を可能とする体制づくりが要請されました。この戦後の教育改革については、「教育刷新委員会」など敗戦国である日本側でも独自の委員会を設けての検討がありましたが、占領を指揮するアメリカ合衆国の強い教育内容への意向が反映されることになります。

例えば、1945（昭和20）年12月にはGHQ（連合国軍総司令部）より「修身、日本史及ビ地理停止ニ関スル件」として、修身、日本歴史、地理の授業の停止、教科書や教師用の参考書の回収が命じられました。これらの科目は、戦争中において軍国主義を児童・生徒に教え込む役割を果たしていました。これらに代わる新教科の検討や、修身に代わる道徳教育のあり方が模索されることになります。

教育内容を規定する1947（昭和22）年の学習指導要領は、戦後の混乱の中で実施され、1951（昭和26）年版学習指導要領の第1次改訂では、「試案」となっていました。その後の1958（昭和33）年から官報の「告示」という形式で示され、以前の学習指導要領で示していた教育課程に関する事項を学校教育施行規則で定め、教育課程の基準を文部大臣が公示するとしました。「教師の手引き」という位置づけから法的拘束力を有するものとされ、国家の統率力強化が図られました。

その後、日本社会は高度経済成長期やバブル崩壊というプロセスを経て、2006（平成18）年の第1次安倍内閣期には教育基本法改変、日本の伝統文化への回帰（「郷土・国を愛する心」の協調）を基調とする道義的規定が増え、2015（平成27）年には、徳目主義的な「道徳」を教科化する流れとなります。

第3節　教育課程と学習指導要領

1　学習指導要領と教育課程

学校で学ばれる知識や技能はその必要性の度合いに即して、総合的な取捨選択と学年ごとの配列を経て教育課程が編成されます。学校教育におけるこのような「何をいつ学ばせるか」（スコープとシークェンス）ということを国家レベルで規定しているのが「学習指導要領」です。

この「学習指導要領」は『学習指導要領一般編（試案）』と名付けられ、教師が実際に授業を行なう際に参考とすることが期待されたものです。

1947（昭和22）年から翌年にかけて、各教科についてもそれぞれの「学習指導要領」が出版されますが、これは戦前の教授要目に代わりアメリカの「Course of study」をベースに作成されたものです。

我が国の場合、「学習指導要領」は、教育課程の基準として国によって作成されますが、幼稚園、小学校、中学校、高等学校ならびに特別支援学校の校種ごとに存在します。ただし、幼稚園及び盲・聾・養護の特別支援学校幼稚部のものは「教育要領」と呼ばれます。学習指導要領は学校教育において身につけることが期待される教育内容を示した文書で、教育内容と教育課程の要領や要点に言及しています。この学習指導要領の目的には、全国的な教育水準の確保を目指すことや教育内容への国家基準の明文化を意味することも含まれています。

「学習指導要領」の法的位置づけについては、現在では「学習指導要領」は法律そのものではありませんが、文部省告示ということもあり法に準ずる性格を有すると考えられ、法的拘束力があるとされています。ゆえに、学校教師の授業に際しては、この基準に即した授業実施が求められます。教師が学習指導要領に対応した教育活動をしない場合、形式上は法令違反となりますが、強行規定（「～しなければならない」や「～するものとする」などの断定的表現）のみに法的拘束力が及び、助言的な意味合いを有する訓示規定については法的拘束力の対象外と考えられます。この点に関連することとしては、いわゆる伝習館高校事件の第一審判決（1978年）が参考になります。そこでは、学習指導要領の法的拘束力については教育課程の構成要素、科目及びその単位数などのいわば学校制度に関連する規約に関する条項について法的拘束力があるとするが、「各教科、科目の目標や内容、指導計画作成上及び指導上の留意事項は訓示規定と解するのが相当である」と限定する判断が示されています。

また、授業では欠かせない教科書（教科用図書）は、この「学習指導要領」をもとに作成され、国の検定を経て合格済みの教科書のみを学校で使用しています。

「学習指導要領」の記述内容をみると、教育課程編成の一般方針や授業時数の取り扱い、各教科における学年ごとの目標や内容についての記述が大半であり、全体的には大綱的な記述となっています。教師が行なう実際的・具体的指導展開に関わる際の細部を規制するような具体的規定内容にはなっていません。反面、学ぶべき知識内容についての具体的規定の存在があります。例えば、社会科授業で取り上げるべき歴史上の人物名、音楽の合唱・演奏時での学習対象となる曲名などは具体的に示されています。

２　学習指導要領の改訂

戦後の教育改革を経て、今日に至るまでに、「学習指導要領」は約10年ごとにその内容が見直され、新たな方針にそって版が改められてきました。これを、「学習指導要領の改訂」といいます。「学習指導要領」の改訂が行なわれると、国の広報誌である官報に告示されて公表されます。「学習指導要領」の内容は、官報や文部科学省のホームページでも閲覧可能ですが、冊子としての販売や、書店でも入手可能となっています。

この「学習指導要領」が改訂される際には、知識・技能の取捨選択の見直しのほかに、子どもの生活実態、保護者の期待、社会からの要望、それまでに実施されてきた学校教育への反省、新しい教育課題への対応などをふまえたものとなります。子どもにこのように育ってほしいという人間像やどのような知識や技能や態度を身につけてほしいのかなど、その時代の社会の変化を背景として様々な観点から検討され、改訂方針が決定されことになります。場合によっては、新しい教科や領域がつくられることもあれば、他方では廃止されることもあります。同じ教科であってもその時代によって求められる役割が異なることもあるなど、改訂された「学習指導要領」の全体をみるとそれぞれに個別の特徴があり、そこから戦後の日本教育史における教育課程の変遷内容を理解することができます。

学習指導要領の内容や構成については、第２次世界大戦後の1947（昭和22）年以来、その時々の社会情勢の反映からの変遷がみられます。例えば、2017（平成29）年改訂の新学習指導要領の場合、『総則』、「各教科」、「特別の教科道徳」（小学校・中学校のみ）、「外国語活動」（小学校のみ）、「総合的な学習の時間」（小学校・中学校、高等学校は「総合的な探究の時間」）、「特別活動」から構成されています。

戦後における主な学習指導要領の改訂は、大別すると1951（昭和26）年の小・中学校学習指導要領の第１次改訂（教科課程から教育課程に変更、教科の４領域に分類）、1958（昭和33）年の第２次改訂（経験主義から系統主義への転換）、1968（昭和43）年の第３次改訂（系統主義へのさらなる拍車）、1977（昭和52）年の第４次改訂（能力主義からゆとり路線への変更）、1989（平成元）年の第５次改訂（新学力観と個性重視等）、1998（平成10）年の第６次改訂（「生きる力」と「総合的な学習の時間」）、2008（平成20）年の第７次改訂（系統主義への回帰）、2017（平成29）年の改定（「社会に開かれた教育課程」）等が行なわれています。

３　戦後学習指導要領の変遷と特徴

学校で学ぶ知識・技能は取捨選択を経て、学年別に配列され、教育課程編成となります。ここでは、以下に1947年から2015年までの変遷と特徴や全体の流れの把握に努めましょう。

⑴　1947（昭和22）年・1951（昭和26）年の学習指導要領

教育課程については学校教育法（第20条）や学校教育法施行規則（106条）で監督庁が定められ、学習指導要領が子どもの要求と社会の要求で生まれた教育課程を教師自身が自分で研究していく手引書として導入されてきた経緯があります。

戦後の花形教科として社会生活を理解させ、社会的態度や社会的能力を養う「社会科」や、家庭生活に必要な技術を修めて生活の向上を図る態度や能力を養う「家庭科」（小学校で男女共修）、教科の発展として行なう活動や学年の区別なく同好の者が集まるクラブ活動等の「自由研究」の新設が注目されます。また、中学校には、「職業科」も設けられます。

⑵　1951（昭和26）年の改訂

1951（昭和26）年の改定では、依然として「試案」「手引き」としての位置づけであり、小学校では自由研究が廃止され、「教科以外の活動」となり、各教科の広領域カリキュラム（4経験領域）構成となりました。教科を学習の基礎となる教科（国語、算数）、問題解決を図る教科（社会、理科）、創造的な表現活動を行なう教科（音楽、図画工作、家庭）、健康の保持増進を図る教科（体育）の4経験領域に分けています。中・高では、教育課程は各教科と特別教育活動から成り、中学の体育が保健体育に、職業科は「職業・家庭科」となります。また、これまでの「教科課程」から「教育課程」に呼称も変わります。

(3)　1958（昭和33）年の改訂

1958（昭和33）年の改訂では、改訂領域として各教科、特別教育活動以外に「学校行事等」が加わり、学習指導要領の法的拘束力が認められる「告示」の形式をとります。学習指導要領を教育課程の基準として文部大臣が公示するものと改め、学校教育法、同施行規則、告示という法体系を整備して教育課程の基準としての性格をより明確にしました。従来は学習指導要領で規定していた事項を学校教育法施行規則において規定したのも改訂の特色の一つです。また、経験中心主義から系統主義への転換がなされ、系統学習（教科学習）に重点が移ります。小・中学校での「道徳」の時間の特設や基礎教科（国語、算数）の時間増加、さらには国旗の掲揚、君が代斉唱が望ましいとされます。さらには、小学校における各教科及び道徳の年間最低授業時数を明示し、義務教育水準の維持を図りました。なお、1955（昭和30）年の小・中学校の社会科のみの改訂や1956（昭和31）年の高校のみの改訂もみられます。

(4)　1968（昭和43）年の改訂

1958（昭和33）年後の社会情勢の進展に即し、時代の要請に応え実情に適合する改善の必要性から1967（昭和42）年の教育課程審議会答申を受け、1968（昭和43）年に全面的に改訂し、1971（昭和46）年からの実施となりました。

系統的学習へのさらなる拍車がかかり、新幹線授業とも呼ばれるなかで、産業界からの要請に答える形で、能力と適性に応じる多様化が推進され、小学校の年間授業時数を「最低時数」から「標準時数」に変えました。さらに、中・高に必修クラブが設けられ、教科では算数に集合・関数・確率を導入しています。

ちなみに、同時期のアメリカでは「発見学習」で有名なブルーナーが中心となり「教育の現代化」運動が推し進められた国際的な背景があります。また、小・中では、学校行事が特別活動に組み込まれました。

(5) 1977（昭和52）年の改訂

1970年代は、高度経済成長の影響もあり1973（昭和48）年度には高等学校への進学率が90％を超えます。学校教育が知識の伝達に偏る傾向から、知・徳・体の調和的発達を図ることが課題となります。1976（昭和51）年の教育課程審議会答申を受け、人間性豊かな児童生徒の育成やゆとりある充実した学校生活が目指されます。この時期のキャッチフレーズは、「ゆとりと充実」の学校生活ですが、同時に非行や落ちこぼれ、いじめや不登校の問題がクローズアップされます。新幹線授業への反省もあり「ゆとり」志向の対応から中学の外国語が週３時間に減少し、高等学校の必要単位数は85単位から80単位に減少します。指導内容については、各学年段階において確実に身に付けさせるべき基礎的・基本的事項の精選からの授業時間数の１割削減や指導内容削減に伴い、「学校裁量の時間」（ゆとりの時間）の新設となります。各教科の目標や指導内容の大綱化を図ることでの学校や教師の創意工夫の余地を拡大しています。また、高校への進学率の上昇もあり、小・中・高の一貫性も強調されます。さらには、高校１年生に「現代社会」「理科１」等の総合的な内容の基礎科目が設けられ、習熟度別学級編成が展開されます。

(6) 1989（平成元年）の改訂

科学技術の進歩や経済発展による社会の急激な変化に対応する観点からの教育内容の見直しが求められ、豊かな心をもち、たくましく生きる人間の育成や自ら学ぶ意欲と社会の変化に主体的に対応可能な能力育成の重視が示されました。子どもたちが自主的・主体的に学ぶ力を育てようとする「新学力観」が打ち出され、指導よりも「援助」「支援」が強調されます。また、評価の対象に「関心・意欲・態度」が加えられ、この時期は情報科、国際化、高齢化など社会の大きな変化が注目され、「失われた10年」とか、バブル崩壊による日本発アジア恐慌といわれるような社会背景にも注目する必要があります。社会の変化に自ら対応できる心豊かな人間の育成が課題とされます。改正点としては、小学校1年生及び2年生に新教科としての生活科を設定し、国語科の授業時数を34単位時間（1年生)、35単位時間（2年生）とそれぞれ増やしています。中学校では、選択履修の拡大や習熟度別指導が行なわれました。高校では、社会科を「地理歴史科」と「公民科」に分離しています。また、新しい学力観に立ち、基礎・基本の重視と「個性重視の教育」が強調されます。評価に関しても偏差値の序列によらない多元的な評価が目指され、生涯学習の基盤を培う観点から、生涯学習社会構築を踏まえた学習の役割が問われます。加えて、学校週5日制段階的導入の動きや、大学生の「学力低下」を懸念する指摘もみられます。

(7)　1998（平成10）年の改訂

1996（平成8）年の中央教育審議会「21世紀を展望した我が国の教育の在り方について」で、21世紀を展望し、ゆとりの中で「生きる力」を育むことが提言されました。社会の変化に対応し、自分で課題を見つけ、自ら学び、自ら考え、主体的に判断し、行動し、問題を解決する資質や能力が問われます。この「生きる力」の重要な要素として確かな学力に加え、豊かな人間性や健康・体力が挙げられます。

この時期の世界的な話題としては、東西ドイツの統一があり、グローバル化がクローズアップされます。国際理解を深め、我が国の文化や伝統を尊重する態度の育成も指摘されました。1998（平成10）年から2002（平成14）年にかけて、「総合的な学習の時間」の新設や道徳教育の充実、自ら学び考える力などの「生きる力」の育成が重要視されます。さらには、ゆとりある教育活動のための授業時間数縮減や教育内容の厳選、体験的・問題解決的な学習の重視、個に応じた選択学習の拡大、完全学校週5日制の円滑実施、各学校の創意工夫による「特色ある学校づくり」等が打ち出されることになります。

また、2002（平成14）年には、文部科学省が作成した『心のノート』が

1200万部配布され、自分を見つめるプロセスを通して、国が設定した「心」を自然に獲得するような配慮がなされています。また、教科科目に関しては高校の情報科や福祉科の創設、中・高の部活動に関する規定の削除がなされています。

⑻ 2008（平成20）年の改訂

PISAの学力調査での日本の順位低下が問題とされ、再度、系統主義の方向に転換し、1968（昭和43）年～1969（昭和44）年改訂以来40年ぶりに総授業時間数、教育内容の増加となります。生きる力の育成は継続課題とされ、知識・技能の習得と思考力・判断力・表現力等の育成のバランス重視、豊かな心や健やかな体の育成、言語活動や情報教育、理数教育の充実、小・中連携など学校段階間の円滑な接続、外国語活動の新設（小学校）、小・中学校での主要科目での授業時数増と総合的な学習の時間数減等がみられました。

⑼ 2015（平成27）年の学習指導要領（一部改正）

これまで教育課程の領域の一つの「道徳」が「特別の教科道徳」（通称「道徳科」）となり、校長を中心に全体計画を作成し全教師の連携のもと協力的に展開することになりました。内容的には、教育目標に基づき道徳性の涵養を目指した道徳的諸価値の理解や道徳的判断力、心情、実践的意欲や態度を育成するというものです。

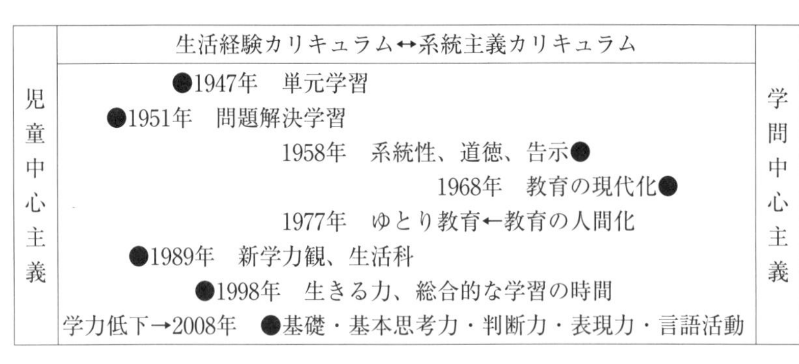

図1　学習指導要領変遷図

参考・引用・紹介文献

秋田喜代美編（2015）『新しい時代の教職入門』有斐閣
海後宗臣・仲新（1979）『近代日本の教育』東京書籍
加藤幸次（2018）『教育課程編成論』玉川大学出版部
金岩俊明他（2017）『教育課程論』姫路大学教育学部通信教育課程
唐澤富太郎『教育学研究全集第2巻日本の近代化と教育』第一法規
木村元・小玉重夫・舟橋一男（2019）『教育学をつかむ』有斐閣
木村元（2015）『学校の戦後史』岩波書店
国民教育研究所編（1985）『近代日本教育小史』草土文化
汐見稔幸他（2018）『よくわかる教育原理』ミネルヴァ書房
柴田義松（1992）『教職課程講座第３巻/学校と社会』ぎょうせい
島田和幸・高宮正貴編著（2018）『教育原理』ミネルヴァ書房
田中耕治・水原克敏・三石初男・西岡加名恵（2019）『新しい時代の教育課程』有斐閣アルマ
田中耕治他（2019）『新しい時代の教育課程』有斐閣
永井憲一（1980）「人権としての教育権の権利内容」『早稲田法学第55巻』所収
広岡義之（2018）『はじめて学ぶ教育課程』ミネルヴァ書房
藤原政行（2016）『教養としての教育学』北樹出版
古川治・矢野裕俊（2019）『教職をめざす人のための教育課程論』
宮原誠一他（1974）『資料日本現代教育史』三省堂

第７章　教育課程の実施

―学校教育の学習心理学的基礎―

第４章で述べたように、発達のもう一つの要因として学習があります。学習とは、経験したことを活かす心の働きです。つまり、生まれつき遺伝によって組み込まれプログラムされた行動を生後の環境に合わせて柔軟に変え適応させる働きです。

第１節　学習の基礎理論

心理学では、学習を確実に起こさせる条件、すなわちどのような環境を設定し整えれば学習するのかを研究してきました。学習や行動の獲得には、ただくり返して練習すればよいのではなく、いろいろな条件がかかわっていることがわかってきました。学習はひとを含めた動物界で広範囲に見られます。したがって、どのような動物にも適用される学習を起こさせるための手続きについて研究されてもいます。行動を起こさせる基本的な手続きには、条件づけと社会的学習があります。また、条件づけには大きく２つに分ける見方があります。それは、古典的条件づけと道具的条件づけです。

１　古典的条件づけ

メトロノームに対して唾液を分泌するパブロフの犬について聞いたことがあるでしょう。そして、あなたも、何かの合図や信号に対して行動を起こすことがあるでしょう。また、腹痛を起こしたことがある食物など危険なものは、口にしないなどという行動をとるでしょう。

これらは、刺激と刺激との関係（つまり、ある刺激が次の刺激を予測させること）の学習であったり、もともと生物にとって意味のなかった刺激が意味のある刺激となったりする古典的条件づけの過程によるものと考えられます。手続きとしては、もともと意味のない中性的な刺激（条件刺激）と生命を維持するなど生物にとって意味のある刺激（無条件刺激）とを対にして提示することです。これをくりかえす（強化）と、条件刺激に対しても反応（条件反応）が起こってきます。ここで、無条件とは、反応を起こすのに、条件づけ、すなわち学習の必要がないということです。

２　道具的（オペラント）条件づけ

形成したい、あるいは目標となる反応が起こった後、すぐに生物にとって意味のある刺激を提示することでその反応を増加させる方法があります。この方法は、反応がその刺激を獲得するための手段（道具）となるため、道具的（オペラント：操作）条件づけと呼ばれています。この条件づけでは、古典的条件づけと違って、何らかの刺激によって反応が引き起こされるのではなく、まず反応が自発されなければなりません。

動物やヒトが自発する反応の直後に提示される生物にとって意味のある刺激を強化子といい、これには餌や食べ物のような報酬だけでなく、罰のように直前の反応を減少させるものもあります。この手続きを道具的条件づけでは強化といいます。この過程である一定時間、光や音などで合図をしてその間は反応に対して強化子を与えるが、その他の時間は反応しても与えないように設定すると、合図がある間のみ反応するようになります（弁別）。そして、複雑な行動も小さなステップに分けた道具的条件づけの積み重ね（シェイピング：反応形成）で学習されていくと考えられます。

古典的条件づけや道具的条件づけの理論では、性格や態度、さらには神経症や恐怖症などの異常行動も学習によって形成されたものだと考えます。したがって、学習されたものであるからこれを消去したり、異なる反応を学習させたりすることで、困った症状や行動をなくすことができると考えます。この考え方は行動療法・認知行動療法などの心理療法として応用されています。

こういった基本的な学習方法は、その学習過程で言語を用いなくても効力を発揮しますから、動物をはじめ乳幼児やコミュニケーションが不得意な子どもなど言語を媒介として用いない行動形成やコミュニケーションにも役立ちます。

3　社会的学習（観察学習）

ここまでの条件づけは、学習者が単独で直接経験することで学習が起こるのですが、他の動物やひととの相互作用のなかで行なわれる形態の学習もあります。また、社会のなかでの規範やルールの学習、そして態度や価値観の学習もあります。このような学習のやり方や内容が社会的であるものを社会的学習といいます。

あなたも「見よう見まね」で、あるいは他者が経験していることを間接的にみるだけでできるようになったことがあるでしょう。他者（モデル）の行動を観察し、学習する方法はモデリングとして体系化されています。バンデューラ（Bandura）ら（1977）は、次のような実験でモデリングの効果を示しています。まず、幼児たちが３群に分けられ、大人（モデル）が人形に対して攻撃をしている場面をみる群と、おとなしく人形と遊んでいる場面をみる群が設定され、最後の１群はモデルを観察しませんでした。こうして各群の幼児は、人形の置かれた部屋へ連れてこられました。そうすると、攻撃的なモデルを観察した群は他の群に比べて多くの攻撃行動を示したのです。

この攻撃行動の獲得は幼児自身に対して直接の強化が与えられていないにもかかわらず、ただモデルを観察しただけで起こりました。また、モデルが場面のなかで強化を受けたり、罰を受けたりすることでモデリングが影響される場合も報告されています。モデルに対する強化や罰は、代理的強化や代理的罰と呼ばれています。子どもの親や教師、さらにはアニメなどの主人公が最もモデルになりやすく、知らず知らずに子どもの行動を形成している可能性がこの研究から示唆されます。

４　学習結果の保存─記憶・認知の過程─

過去に経験した内容を覚え、保存し、後で再現する過程を記憶といいます。記憶は記憶の貯蔵庫モデルでは、短期記憶（または作動記憶）と長期記憶に分けられます。実はその前に感覚自体に記憶が保存されるという感覚記憶も考えられていますが、ここでの情報が何を意味しているかを知ることができないといいます。

そのなかで注意するなど処理された情報が短期記憶に入ります。ここで長期記憶の助けを借りてやっと情報の意味づけがなされます。短期記憶は容量に限界があり、そこに入った情報も、何も処理を受けなければ数十秒で消失すると考えられています。しかし、何度も頭やこころのなかで唱えるという維持リハーサルという操作を行なえば、情報はその間維持されます。さらに、長期に渡って覚えておく、つまり長期記憶に情報を渡そうとすれば、また後ほど紹介する精緻化リハーサルなどが必要になります。

ところで、どのような情報でも生のままで知覚されたり、記憶されたりすることはほとんどありません。生まれもった体の仕組みや働き、そしてそれ以前の過去経験から獲得してきた知識などによって、情報はいろいろな処理や加工を受けます。そして、これらの知識は過去経験の単なる累積ではなく、まとまった構造をしていると考えられます。これをスキーマ（図式または枠組み；整理された既にもっている知識）といいます。スキーマは事象の認知（知覚や記憶）に要するあなたの努力を最小限にします。

あなたは、これまで学校教育のなかで、教師などから「よく理解して覚えなさい。学習していることの意味について考えなさい」といわれたことがあるかもしれません。どうしてそれが学習にとって効率的なのでしょうか。実は機械的な丸暗記よりも、情報を付け加えたり、余分に努力やエネルギーを使ったりしますが、それがかえって記憶には時に多くの事柄とともに覚えた方がよく覚えられるし、思い出しやすいという側面があるのです。

短期記憶の容量は小さいようです。その容量つまり一度に覚えられる情報はそれが数字であれ単語であれ、ほぼ７±２個だといわれます。つまり、記憶される情報の単位は音の数や文字の量など物理的な単位ではなく、意味をもったあるいは意味づけできる一まとまりが単位となります。これはチャンクと呼ばれます。いいかえると容量の限界は７±２チャンクだということです。つまり、覚えようとするものに意味づけを行なうことによって、限界のある小さな記憶容量を節約することができます。だから、意味づけて一まとまりにしてしまえばするほど、容量に空きができてもっと覚えられることになります。先ほどの精緻化リハーサルで行なうのはこの作業です。たとえば、0120はその意味を知らずに覚えようとすれば、数字４個、すなわち７チャンクのうちの４チャンクもの容量を占めてしまいますが、フリーコールの局番という意味づけができてまとまれば４チャンクが１チャンクとなり、３チャンクの空きができるでしょう。この空きの余裕は他のものの記憶に使えるのです。

このように、意味づけはあなた自身によるもので構わないのですが、記憶術の本にあるように連想法、イメージ化、キーワード法、語呂合わせなどが知られており、どれも記憶すべき内容の有意味化によるチャンク数の減少をめざしたものです。もっとも、精緻で有意味な意味づけを行なうためには、個々の内容を関連づける豊富な過去経験や知識が必要になります。

記憶すべき材料が高度で複雑な場合は、一度チャンク化しても、まだそれら相互のつながりが薄かったり、記憶のネットワークがつながりにくかったりするかもしれません。この一つひとつのチャンクをもっと大きなチャンクにまとめる作業が必要となります。これを体制化といいます。つまり、カテゴリーに分類する（群化）なり、あなたの経験を通した元々のまとまった知識のなかに関係づける（主観的体制化）なり、統合していくのが効率的です。

さらに、想い出すための手がかりを多くその記憶材料に付加できれば想起時の再構成や推理がやりやすくなります。そういう意味では、学習や記憶とは、次に経験する新しい内容を学習し記憶しやすくするために行なうことにもなります。それが記憶の良循環であり、記憶のネットワークの拡大につながるのです。

５　メタ認知

メタ認知とは、認知についての認知を意味します。日常生活や記憶・思考の過程においても、ちゃんと記憶できたかどうかを考えたり、自分の考えの矛盾に気づいたり、課題の解決方略を選択したりするなど、通常の認知よりももっと高度な次元の認知を行なっています。認知活動だけでなく、認知についての知識ももち合わせており、必要に応じて活用しています。

三宮（2008）は、メタ認知の発達や学習・教育における重要性を以下のように指摘しています。すなわち，この概念の起源として、古くはソクラテスの「無知の知」やデューイの学校教育で重視した省察的思考がメタ認知をうながす行為として解釈しています。そして、現在のメタ認知研究の起源として、ピアジェの発生的認識論における子どもの認知発達にともなう意識的な自己調整の発達がメタ認知的コントロールの前提と考えています。

また、ヴィゴツキーの認知発達的研究は言葉を思考の道具としてみなし、年長者との言葉のやりとり（外言）による認知の他者調整から内言による自己調整への移行に注目したことを指摘しています。そこで、ヴィゴツキーは、子どもはまず初めに他者からの言葉によって行動や思考を調整できるようになり、しだいにこの個人間過程の調整が個人内過程の調整へと向かい、自らの思考や行動を内言によって調整できるようになり、メタ認知的コントロールが少しずつできるようになると考えたのだと解釈しています。それが教育の場合、初めのうちは問題解決のために子どもは親や教師から、おもに対話を通して得られる支援を必要とし、この支援は足場作り（scaffolding）と呼ばれます。そして、これがしだいに内面化されて、自己内対話による問題解決が行なわれるようになり、足場は少しずつはずされ、最後には不要となるということです。また、ヴィゴツキーのいう発達の最近接領域とは、ギャップを埋めるような状況を作ったり知識やスキルを補ったりすることによって、この領域に働きかける教育が有効な支援となっていて、自己調整における教育の役割を重視しているのだということを指摘しています。

これに関して、森（2015）は、21世紀型学力を育成するために自らの学びの舵取りをするメタ認知能力の育成を主張しています。すなわち、「このメタ認知能力は『車のハンドル』に喩えられるだろう。つまり、車の左の車輪が「習得機能」、右の車輪が『活用機能』であり、車の両輪の舵取りをするのがメタ認知機能の役割なのである。この車の両輪の舵取りは、学校で習得する学校知と日常生活で必要となる日常知を関係づけることを意味しており、このメタ認知の働きによって知識の活用が可能になる。ところが学校で習得する学校知の多くは良定義問題（正解と解決方法が明確に定義されている問題）を解くための知識である。これに対し、日常生活で遭遇する問題の多くは不良定義問題（正解と解決方法を明確に定義できない問題）である。それゆえメタ認知能力を育成することが活用力の育成につながるのである。／また、このメタ認知能力の働きによって、『いかに生きるべきか』という個性化のテーマと『そのためにいま何を学習するべきか』という社会化のテーマがつながり、その時学びは自己実現を目指して自己を向上させ成長させようとする自己形成（自分づくり）の営みになる。この自己形成（自分づくり）の営みは、換言すれば、かけがえのない１回限りの「自分史の物語」を紡ぎ出すことにほかならない。そして、そのようにして紡ぎ出された多様で個性的な自分史が時空間を共有し交流することによって、創発的に文化創造の「社会史」が編み上げられる。これがすなわち『知識創造モデル』として学習の本質なのである」（pp.13-14）と指摘しています。

このようなメタ認知研究を含めた研究領域は、学習心理学だけでなく、認知心理学や発達心理学、脳科学などを総合した学際的な領域で、学習科学といいます。森（2015）が「学習と教育に関わる多様な学問分野を総合し、科学的根拠に音づいて教育実践の改善を目指す新しいパラダイム」（p.2）というように理論的研究と実践的研究の橋渡しをし、方法論的にも研究対象としても現実場面の学習や教育実践に目を向けた領域といえます。

第２節　教授―学習過程

授業に際しては、教師は、学習者にとって最適な教授―学習過程を考えることでしょう。それは、教授者側からは教授法、学習者側からは学習法となります。主な教授法や学習法と学習の最適化について古城（1998）に沿ってあげてみます。各々に長所や短所があるので、授業の段階やタイミングを考えて、適切な教科に合わせて選択したり、組み合わせたりすることが重要です。

１　講義法

一斉授業形式の講義法です。学級単位の学習集団で行なわれ、すべての児童・生徒に同一の教授内容が教師から一方向に説明され、教授されます。

その長所は、知識や技能の伝達に適用しやすく、一度に多人数に実施でき、効率的、経済的なところです。しかし、短所としては、教師中心の授業となり、学習者が受身的になりやすい、学習の理解度が教師の力量に依存することになりやすい、学習者の個性や理解度に対応できにくい、問題解決能力の育成、自主的・創造的な学習になりにくいことなどがあげられます。

２　有意味受容学習

オースベル（Ausbel）（1963）は、先述した講義法においても先行オーガナイザーを用いることで意味を理解し、受容する積極的な過程が成り立つと主張しました。先行オーガナイザーとは、学習内容の単なる要約やレビューではなくて、学習の最初の段階で学習者に提示される「学習課題自体よりも、より抽象的で一般的で包括的な導入教材」のことです。学習者の既有の認知構造と新しい学習材料を橋渡しするものと考えられます。

長所は、学習内容が最終的なかたちで与えられ、理解しやすいこと、講義法で用いることでその長所である労力・時間等の面で効率的、経済的であることなどがあげられます。短所は、学習者の既有の認知構造をあらかじめ把握しておくことが困難であったり、言語化できない教授内容であったりする場合は先行オーガナイザーの作成が困難であるということです。

3　プログラム学習

普通一斉授業では、平均的水準の児童に合わせて進められ、進度がその子に合わず退屈したり、逆に理解できなかったりする子どもが出てきます。スキナー（Skinner）（1968）は、このような問題点を克服するために、道具的（オペラント）条件づけを応用した個別式授業形態であるプログラム学習を考案しました。

プログラム学習では、学習内容を明確に構造化された細かな教授単位（フレーム）に分割します。そして、フレームごとに教材提示し、学習者の反応に対して評価をフィードバックします。

目標とする行動に向けて教材をできるだけ細かいステップに分けて、少しずつ学習させるようにプログラム化し、徐々に反応形成（シェイピング）していきます。学習プログラムには、すべての学習者が同一内容・同一順序で学習していく直線型プログラム（スキナー型）と学習者の誤反応のタイプによって次のフレームが決定される枝分かれ型プログラム（クラウダー型）があります。

長所は、個別学習形態ですから、学習の個別化、最適化ができ、教師にとっては授業の効率化が計れるということです。短所は、課題遂行が単調になり、飽きやすいこと、明確な答えの出にくい科目には不向きであることなどがあげられます。

4　発見学習

学習内容を明確な形で提示するのではなく、学習者自身が課題に直面し、自分で直観的に仮説を立てそれを検証していくことによる学習形態のことです。発見学習を提唱したブルーナー（Bruner）（1956）は学習にとって直観的思考が重要であると考えました。この発見学習の過程によって、直観的思考力が養えると考えたのです。我国では、発見学習的な発想をもとに考案した教授方法に仮説実験授業（板倉,1965）があります。

長所は、発見に至るまでの技法を身につけることができる、知的好奇心など内発的動機づけを高めることができる、学習内容が保持されやすいことなどがあげられます。短所は、課題解決に発見を要する教材にしか適用できないので、適用できる教科に限界がある、必ずしも学習者が正答に到達するとは限らない、時間と労力がかかることなどがあげられます。

５　バズ学習

集団討議法の一つであるバズ（蜂の羽音）・セッションを教育場面に取り入れたものです。学級を６人前後の小グループに分割します。そして、学習内容をその小グループごとに小集団で討議させ、小グループの結論を全員の前で各グループの代表が報告し、それらの報告をもとに全体討議を進めます。１時間の授業過程のほとんどすべての段階や場面で活用できるが、一般的には一斉授業のなかでもっとも効果的と考えられる段階で用いられます。

学級のすべてのメンバーが討議に参加できるのが特徴だが、小集団間での葛藤や競争を生み出すこともあります。メンバー各々の役割をさらに明確にし、全員が学習活動に参加できるようなジグソー学習（学習課題を複数のパートに分割し、メンバー一人ひとりが別々のパートを学習した後、各自の学習成果を元の集団にもち帰り、互いに教え合うことによって課題を解決する学習指導法）も提唱されています。

６　状況的学習論

子どもは環境との相互作用のなかで環境からの影響や要請を受けたり、時には環境を創り変えたりしながら発達していきます。伝統的な学習論は状況や文脈と独立して個人のなかに知識を蓄積する過程とみなすのであるが、状況的学習理論は、共同参加のなかに学習を位置づけるという考え方です。こうした教育観あるいは授業モデルにおいて、状況的学習論におけるLave & Wenger（1991）による実践コミュニティ（community of practice）の概念が参考になります。

実践コミュニティとは、「あるテーマに関する関心や問題、熱意などを共有し、その分野の知識や技能を、持続的な相互交流を通じて深めていく人々の集団（Wenger et al., 2002）」と定義されています。その実践コミュニティが対象とする領域を学習の場とするとき、それは学習コミュニティと呼ぶことができます。そして、その背景となる理論として、Lave & Wengerの正統的周辺参加（legitimate peripheral participation）論があります。

正統的周辺参加とは、あるコミュニティに周辺的に参加しているそのメンバーが、コミュニティの中心人物を目標に、他のメンバーと相互作用を通して、コミュニティにおける確固たる役割を確保していくという参加の様態を示すが、その全人格的な成長の過程そのものを“学び”ととらえる学習観を提供するのがその特徴です。すなわち、ある学びが成立するためには、そこに一定の学習コミュニティが形成されることが前提となり、そのコミュニティにおける自らの役割を明確にしていくプロセスを“学び”ととらえている（大塚，2005）のです。

この実践では、初等教育における“学びの共同体（佐藤，1999など）”が著名です。授業は教師が一人でつくって一方的に与えるものではなく、教師と生徒がともに相互作用しながらつくりあげられるものだからです。このように人間としてのあり方や生き方を形成するために、具体的に子どもが身につけるべき学力として、チームで働く力やコミュニケーション能力が考えられているのです。その方法として以下の協同学習があります。

7　学び方の学習―LTD話し合い学習法

協同学習法には何種類かあるが、その１例として安永（2006）の提唱するLTD話し合い学習法があげられます。LTDとはLearning Through Discussionの略語で「対話による学習」という意味です。LTDでは学習教材として読書課題を用います。そこで、採用された教材を学習者一人ひとりが正しく、そして深く理解することが、LTDを用いた学習の最終目標です。LTD話し合い学習は、話し合いを重視しますが、話し合いの準備、予習の大切さも強調されます。予習で教材の理解が進んでいれば、仲間との話し合いがいっそう深まるといいます。したがって、学習の形態からいえば、予習は個別学習で、ミーティングは協同学習ということになります。予習は１人で行ないますが、より効果的なミーティングをめざした予習であり、自分と仲間の理解を深めるための事前準備だそうです。その効果については、①論理的・批判的思考スキルの改善、②言語スキルやコミュニケーション・スキルの向上、③話し合いに対するイメージの変化、④個人的満足と学習意欲の向上、⑤学習スタイル（学習法）と説明スタイル（教授法）の変化、⑥対人関係スキルの発達と仲間意識の向上、が期待されるといいます（安永，2006）。

第３節　学習の最適化

教授―学習過程において、個人差に応じて授業方法や学習方法を変えることによって教育効果を高めようとする考え方が学習の最適化です。

1　適性処遇交互作用（ATI：Aptitude−Treatment Interaction）

適性処遇交互作用という考え方は、クロンバック（Chronbach）（1967）によるものです。どのような学習指導法の効果がもっとも適切であるかは、学習者の適性によるということを指します。すなわち、学習者の適性と指導法や教材の種類、その提示方法などの学習指導法とに交互作用があって教育効果が異なるということです。

スノウら（1965）は、この考え方にもとづいて実験的に検証しました。あらかじめ受講生の物理の常識、数能力、言語能力、責任感、対人的積極性などのさまざまな個人的特性（適性）を調べておきました。そして、大学物理学の14回の講義を受講生のうち半数には映画を見せる方法、残り半数には講義のみを行なって、その成績を比較しました。その結果、全体としては二つの授業方法の間に違いはなかったが、学生の特性によって分類すると、授業方法で効果が異なりました。すなわち、対人的積極性の高い者は教師による授業で成績がよく、対人的積極性の低い者は映画による授業が効果的でした。また、責任感のない者は教師による授業の方が成績がよく、責任感が強い者、中程度の者は二つの授業方法による違いはありませんでした。

2　完全習得学習

ブルーム（Bloom）（1968）は、完全習得学習（マスタリーラーニング）の理論を提唱しました。それは、学習条件を整備し十分な時間と援助が与えられれば、大多数の子どもはその教科の内容を完全に習得し、設定した教育目標に到達できるという考え方です。

完全習得学習の考えでは、評価は単に学習した結果についてのみ行なうものでなく、学習の途中においても行なわれるものと考えます。特に大切なのは、教授—学習過程のなかで児童・生徒の学習進行状況を絶えずチェックし、評価することになります。完全習得をめざす授業では、評価を授業過程の流れのなかにいかに機能的に組み入れるかが重要になります。

そこで、完全習得学習では、次の３段階の評価が有効に機能する必要があります。①診断的評価：新しい指導が行なわれる前に、指導計画に必要な情報を得る目的で行なう評価です。たとえば、それまでの学習目標の達成度やレディネス、適性、知能、性格などが評価されます。②形成的評価：指導の途中過程で行なわれる評価で、子どもの達成状況や反応を評価します。それらをもとに指導の仕方を変えたり、個別指導や補充指導を行なったりするなど指導の調整をします。③総括的評価：いわゆる期末テストなどで測定・評価する場合のように、単元、学期、学年末など指導終了後に行なう、まとめのための評価です。これにより成績を決定したり、指導計画や指導法の改善に役立てたりするのに用います。しかし、指導と評価を一体化することから考えると、これも次の学期・学年にとっての形成的評価として利用できるものです。

第４節　教育評価

１　教育評価とは

教育評価とは、「教育目標に児童・生徒がどの程度到達したかを決定するための組織的過程である。」（辰見，1973）と定義されます。教育という行為は、望ましい方向への児童・生徒の行動変容への働きかけです。この望ましい方向はもちろん教育目標で示されるものです。医師が治療を行なう前やそのさまざまな段階で検査・診断を行ないます。治療や健康という目標をもって、症状などから予測を立て適切な検査を実施し、検査結果を査定した上で、患者にも検査結果をフィードバックし同意を求めながら次なる治療方針を決定していきます。同じように、教育評価も教育の授業学習過程における必須のステップであり、生徒や教師が中心に教育に携わるものたちが、これまでの教育過程を振り返り、今後の教育に活かしていく指針となるものです。

この教育評価のプロセスのなかで、教育目標の達成度について、できるかぎり客観的で、妥当性や信頼性の高いデータを得る過程を教育測定といいます。医療のなかで検査や診断を行なうとき、たとえば体温を計測するときには体温計というように、目標にかなった尺度（スケール）が必要になります。つまり、教育目標の到達度を測定するための道具または尺度の１つがテストです。

このテストの結果を出した段階では、まだ評価はなされていません。テストあるいは教育測定自体はきわめて客観的であろうとする過程です。したがって、測定と評価は別物です。テスト結果を教育目標などに照らして価値づけする段階が教育評価です。そして、他の尺度で測定した結果や資料（数量的測定ができないものも含めて）も併せて、あるいは教育にかかわる全人格的領域を総合していく過程が教育評価です。さらに、評価は教育の過程のなかで必須のものであるから、これにかかわる者全体が行なうべきものです。したがって、たとえば教師だけでなく児童・生徒や学生も行なわなければならないものです。

教育評価を評価目的および評価時期によって分類すれば、診断的評価・形成的評価・総括的評価があげられます。先述したブルームら（1971）の完全習得学習理論にもとづいたものです。

また、評価関係による分類、すなわち評価するものと評価されるもの関係の違いによる分類もなされます。両者が違うカテゴリーの場合は、他者評価といい、教師と生徒あるいは生徒が教師を評価する場合をいいます。同じカテゴリーにある場合は、相互評価といいます。生徒がお互いに、また教師がお互いに評価し合う場合です。研究授業などで教師相互の評価を行なうなどの例があります。さらに、一致する場合は、自己評価といいます。教師が教師自身を、生徒が生徒自身を評価する場合です。

自己評価を重視した学習方法に自己調整学習があります。「自分の学習スタイルや学習能力を考慮しながら、『私はこの授業では○○がわかるようになることをめざそう』という目標を立て、これを実現させる方法を用いて、現在理解状態をモニターしながら（自分自身でチェックしながら）、目標達成に近づいていくような学習」（崎濱，2008）をいいます。自己評価は、自己教育力・自己学習力そして生涯学習を支えるおそらく中心的な評価法です。したがって、これから自己評価と学習者や教師との関係や与える影響、自己評価システムの開発、そして他の評価法との関連が追求されるべき重要な評価だといえます。

2　教師による評価と自己評価の動機づけ・意欲への影響

小倉・松田（1988）は、自由課題Ｉ（漢字問題）に続いて、１．無評価条件、２．自己評価条件（自己採点）、３．外的評価条件（教師による採点）、４．外的評価＋自己評価に分けて、強制課題（漢字問題を含んだ３種）を行ないそれぞれの条件で評価を与えた後の、自由課題Ⅱ（漢字問題）の作業の増減を比較しました。その結果、自己評価条件では、いっそう漢字問題を行なっているが、外的評価条件では、減少していたそうです。そして、外的評価と自己評価を併せた条件では作業量は変わらないというものでした。また、強制課題での３種の問題全部と自由課題の作業量を比較すると、自己評価条件でのみ増えていました。この結果から、自己評価が学習意欲に及ぼす影響もさることながら、外的評価が自発的な学習意欲を阻害する場合があることに注意する必要があります。

では、外的評価は全て控えられるべきなのでしょうか。評価はどのような形式でも結果でも、自分についての情報をもたらします。これらの情報を曇りなく正確に読みとる力（メタ認知能力）が真に求められます。だからこそ、自己教育力を育むとき、外的評価の利用能力を育成する必要があります。評価は自己評価だけでは完結しません。その発達過程で有意義な外的評価の取り入れ、評価の自己にとっての生き生きとした意味を獲得してこそ自己評価が真に価値をもつと考えられます。

３　教育評価の原因帰属や無力感への影響

個人内評価と集団目標準拠評価（到達度評価）を併せた評価の１つに成就値があります。学力テストと知能テストの結果を比較して、知能にふさわしい学力が現れているかどうかを見る指標です。しかし、これだと知能の高いものは成就値が低く、知能が低いものは成就値が高くなる傾向があるため、新（回帰）成就値が考えられています。

成就値＝学力偏差値－知能偏差値

新（回帰）成就値＝学力偏差値－知能から推定される学力偏差値

この値がプラスになれば、その子どもは期待される学力をあげていることになり、学業促進児（オーバー・アチーバー）であり、マイナスならば期待される学力をあげていない学業不振児（アンダー・アチーバー）となります（辰野，1993）。この原因を明らかにし、適切な指導を与えていくことも評価の役割であるが、評価の影響という観点から見ると、いわゆる学習性無力感（度重なる経験によって形成された意欲喪失・無気力状態）がかかわっているといわれます（速水，1981）。すなわち、アンダー・アチーバーはオーバー・アチーバーよりも、学業成績の原因を努力に帰属せず、努力も能力も変動しにくいものと認知しているようです。

しかし、当然個人によって、評価の受け止め方は違うはずです。ドウェックとエリオット（Dweck and Elliot）（1983）は、達成行動をその達成目標によって２種類に分類しました。自分の能力を認めてもらうことが目的である成績目標をもった達成行動と自分の能力を伸ばすことが目的であるような学習目標をもった達成行動です。成績目標はもっぱらよい成績や評価を得るために学習活動を行ない、学習目標は知的好奇心など内発的動機づけにもとづいて学習活動を行なうことを指します。この達成目標の違いは、教師や教育活動に対する子どもの見方に影響を及ぼすといいます。たとえば、子どもの知能に対する考え方（知能観）では、知能や能力は変えられると考える子どもは学習目標をもち、能力は固定的であると考える子どもは成績目標をもって学習活動を行なうといいます。そのとき、学習目標をもつ子どもは、能力への自信にかかわらず挑戦的であきらめない行動傾向を示すといいます。他方、成績目標をもつ子どもは、能力に自信がある場合は先の子どもと同様であるものの、自信がない場合失敗を恐れ、挑戦を避ける傾向を示すといいます。

このように、学習目標あるいは成績目標が子どものなかでどのように発達するか、このどちらかが適応的であるとすると、獲得するためにはどのような指導や評価をしていけばよいかは興味深い問題です。また、今後適性処遇交互作用の観点から、個人の適性に応じた評価（とくに形成的評価）のあり方が考えられてもよいでしょう。

４　最近の教育評価の動向

最近の教育評価の発展の動向について、田中（2007）にしたがって整理してみます。

田中（2007）によると、最近の教育評価に対する考え方が、「相対評価」

から「目標に準拠した評価」へ移行しているといいます。すなわち、選抜型の評価から学力保障型の評価への転換がみられるということです。そして、「目標に準拠した評価」は、教育目標を評価規準として、すべての子どもたちの学力保障をめざそうとします。このような新しい教育評価の考え方として、アメリカで主張されるようになった「真正の評価」論があるということです。「オーセンティック」とは、「本物の」という意味です。

そこで、田中（2007）は、「真正の評価」論の特長として、次のことをあげています。「①評価の文脈が『真正性』をもっていること。：『真正性』とは、評価の課題や活動がリアルなものでなくてはならないということ。②構成主義的な学習観を前提としていること。：構成主義的な学習観では、学習するとは知識を量的に蓄積することではなくて、環境と相互作用しながら自分の経験に関する意味を構成しつつ、学ぶこと。子どもたちは、無能な学習者ではなく、自分を取り巻くさまざまな世界（自然、社会、人間）に対して主体的にはたらきかけながら、それなりの整合性や論理性を構築する有能な存在である。さらには、このようにして形成した世界像（ものの見方、考え方）は、主体的であるからこそ実感に裏打ちされた確信を伴って、強固な性格をもつに至っている。③評価は学習の結果だけでなくプロセスを重視する。：構成主義的な考え方が教育評価のあり方に提起していることは、まずは子どもたちが保有している今までの学習経験や生活経験といった既知なるものを確かめること。そして、次にこの既知なるものと学校が提示することになる未知なるものとが、子どもたちのなかにどのような『葛藤』をひきおこしているのかを具体的に把握すること。さらには、このような既知と未知との往還のプロセスについて、またどのような納得の仕方で知の組み換えを行なったのかについて、子どもたち自らの判断も大切な評価対象。④学習した成果を評価する方法を開発し、子どもたちも評価方法の選択ができること。：……（中略）このような評価方法として、パフォーマンス評価（performance assessment）やポートフォリオ評価法（portfolio assessment）が有名。評価を行なう際に『ルーブリック』と呼ばれる評価基準が用いられ、それに基づく絶対評価が行なわれている」

(pp.118-119) ことを指摘しています。すなわち、今現実の生活場面や教育実践場面に対応した能力資質の育成を重視し、それに即した教育評価への転換が起こっているということです。

第5節　学　　力

教育目標は、理念であり実体がないので、実際は社会や時代の要請や個々の学校で変化します。事実、教育目標を具体化した学習指導要領は、およそ10年ごとに改訂されています。そこには教育観や学習観の変遷がみてとれます。

たとえば、1989（昭和64）年指導要領の改訂、1991（平成3）年の指導要録の改訂の際、盛り込まれた自ら学ぶ意欲と社会の変化に主体的に対応できる能力（自己教育力または自己学習力という）を育成するとともに、基礎的・基本的な内容の指導を徹底し、個性を生かす教育の充実に努めなければならないという一説が改訂指導要領のめざす学力観ということで当時の新学力観として流布しました。これは、教育行政や文部省が今後設定する教育目標の転換に他なりません。さらに、観点別学習状況が評定（総合評価で絶対評価を加味した相対評価）よりも先に記述されており、観点別学習状況も関心・意欲・態度を上位に記し、思考・判断、技能・表現、知識・理解の順にこれまでとは逆転させた表記になりました。ここでの学力とは、従来の知識・技能の獲得よりも、子どもが自ら学び、考え、判断し、表現して、解決できる能力のことをいい、教育は教え込みや詰め込みではなく個性に応じた支援だとしたのです。

その後、1996（平成8）年の中央教育審議会答申の「21世紀を展望した我が国の教育の在り方について」における「生きる力」を育成するという教育理念の提起し、子どもが学び方を獲得し、生涯学び続けていく力としての学力観は継承されていきました。そして、1998（平成10）年の学習指導要領改訂において、学校週5日制が全面実施され、総合的学習の時間が導入され、各教科の教育内容は精選され、授業時数は削減されました。しかし、この方針転換は各界からの批判を浴び、「ゆとり教育」論争や「学力低下」論争を引き起こしました。この批判を受けたような形で当時の文部科学大臣の「確かな学力の向上のための2002アピール」と称された「学びのすすめ」により「確かな学力」の育成をめざしていることを確認し、学習指導要領は最低基準であり、理解の進んでいる子どもには発展的学習で力を伸ばすことができると明示することになりました。

次の、2008・09（平成20・21）年の学習指導要領改訂では、再び教育内容と授業時数を増加させることになりました。このように教育目標や学力に対する政策的な考え方一つとっても収束せず、揺れや揺れ戻しがあります。この後2017（平成29）年に改訂が公示された新学習指導要領につながっていくことは第４章で述べたとおりです。

学力とは、「学校での系統的な教授・学習活動によって獲得される能力であり、学校教育の効果を示すもの」（本明，1989）と一応定義されますが、これでは学力が学習した結果で評価されたり、学校で発揮されたりする能力といった意味あいが強いものとなります。学習能力や学力は、本来適応的意味をもっているものであり、将来の日常・職業生活への対応能力や応用的な能力さえも予測するものでなければならないでしょう。

ところで、学力とは経験によって身につく本来生きるための力であったのが、学校という制度をつくり、教科単位で教授活動が行なわれるようになると教科としての知識体系を重視することになり、さらに、学問や科学技術が進歩すると人間の生活と学問的知識との距離が大きくなり、ある子どもにとっては「何のための勉強か」という疑問さえ生まれてきました（北尾，1994）。これは前述した学習とのかかわりからの学力の考え方ですが、学習意欲との関連でも興味深いものがあります。現代見られる学習意欲減退には、知識伝達、詰め込み一辺倒型の教育が、現在の子ども・青年の求める学びの構造―学ぶことへの意味の欲求、学ぶに値すると感じられる学習内容への要求に応えきれていないという構造的な背景があるのかもしれません（児美川，1994）。とすれば、学習への関心・意欲、学習への意味を自分のものとする力、すなわち自己学習力や自己教育力は、現状の教育困難や荒廃をのりこえる学力なのかもしれません。

参考・引用・紹介文献

板倉聖宣（1965）．板倉聖宣・上廻　昭（編）仮説実験授業入門　明治図書
ウェンガー，野村恭彦（監修）・桜井祐子（訳）（2002）．コミュニティ・オブ・プラクティス―ナレッジ社会の新たな知識形態の実践　翔永社
オースベル，D，原野広太郎（監訳）（1979）．社会的学習理論　金子書房
大塚雄作（2005）．学習コミュニティに向けての授業評価の課題　溝上慎一・藤田哲也（編）心理学者、大学教育への挑戦（pp.2-37）ナカニシヤ出版
小倉泰男・松田文子（1988）．生徒の内発的動機づけに及ぼす評価の効果　教育心理学研究，36(2)，144-151.
北尾倫彦（1994）．新しい学力観を生かす先生　図書文化
古城和子（1998）．教授―学習過程　柳井　修・林　幹男・古城和子（編）教育心理学の探求―生きる力を育てる心理学（pp. 189-216）ナカニシヤ出版
児美川孝一郎（1994）．「新学力観」政策の社会的背景―90年代教育政策のジレンマ　教育科学研究会・坂元忠芳・須藤敏昭（編）新学力観をのりこえる（pp. 36-48）国土社
崎濱秀行（2008）．授業における学習理論　多鹿秀継（編著）学習心理学の最先端（pp. 134-145）あいり出版
佐藤　学（1999）．教育改革をデザインする　岩波書店
三宮真智子（2008）．メタ認知研究の背景と意義　三宮真智子（編）メタ認知―学習力を支える高次認知過程（pp. 1-16）北大路書房
スキナー，村井　実・沼野 一男・慶応義塾大学学習科学研究センター（訳）（1969）．教授工学　東洋館出版社
辰野千壽（1993）．新しい学力観に立った学習評価基本ハンドブック（p. 14）図書文化
辰見敏夫（1973）．教育評価法　協同出版
田中耕治（2007）．教育評価　荒木紀之（編著）教育心理学の最先端―自尊感情の育成と学校生活の充実（pp. 115-120）あいり出版
伯　胖（訳）（1993）．状況に埋め込まれた学習―正統的周辺参加　産業図書）
速水敏彦（1981）．学習不振児の原因帰属―ケース評定尺度によるアプローチ　教育心理学研究，29(4)，287-296.

ブルーム，B，梶田叡一・渋谷憲一・藤田恵璽（訳）（1973）．教育評価法ハンドブック　第一法規
本明　寛（1989）．学力　本明　寛（編）評価・診断心理学辞典（p. 41）実務教育出版
森　敏昭（2015）．学習科学の理論と方法　森　敏昭（編）21世紀の学びを創る—学習開発学の展開（pp. 2-10）．　北大路書房
文部科学省（1996）．21世紀を展望した我が国の教育の在り方について（中央教育審議会　第一次答申）
安永 悟（2006）．実践・LTD話し合い学習法 ナカニシヤ出版

Ausubel, D. P.（1963）．*The psychology of meaningful verbal learning.* New York: Grune Stratton.
Bandura, A.（1977）．*Social learning theory.* New York: Prentice-Hall
Bloom, B. S. Hastings, J. T. & Madaus, G. F. 1971 *Handbook on formative and summative evaluation of student learning.* McGraw-Hill.
Bruner, J. S., Goodnow, J. J. & Austin, G. A.（1956）．*A study of thinking.* New York: Wiley
Chronbach, L. J.（1967）．How can instruction be adapted to individual differences? In R. M. Gagné（Eds），*Learning and individual differences*（pp. 23-29）. Columbus, Ohio: C. E. Meril.
Dweck, C. S. & Elliot, E. S.（1983）. Achievement motivation. In P. H. Mussen（Ed.）*Handbook of child psychology*（4th ed. vol.4, pp. 643-691）. New York: John Wiley & Sons.
Lave, J. & Wenger, E.（1991）. Situated learning: Legitimate peripheral participation. Cambridge University Press.
https://www.mext.go.jp/b_menu/shingi/chuuou/toushin/960701.htm（2022年6月17日）
Skinner, B. F.（1968）．*The technology of teaching.* New York: Appleton-Century　-Crofts.
Snow, R. E., Tiffin, J., Seibert, W.（1965）．Individual differences and instruction film effects. *Journal of Educational psychology,* 56, 315-326.
Sternberg, R. J., Conway, B. E., Ketron, J. L., & Bernstein, M.（1981）. People's conceptions of intelligence. *Journal of Personality and Social Psychology,* 41, 37-58.
Wenger, E., McDermott, R. & Snyder, W. M.（2002）．*Cultivating communities*

of practice. Harvard Business School Press.

＊本章の一部は、山本義史（1998） 教育評価 柳井 修・林 幹男・古城和子（編著） 教育心理学の探求（pp.189-216） ナカニシヤ出版、山本義史（2003）. 学び考える―学習・記憶・思考のプロセス 古城和敬・上野徳美・高山智行・山本義史（編著） あなたのこころを科学するVer.3（pp.53-70） 北大路書房、山本義史（2016）. 子どもの発達と教育 山岸治男（編著）学習効果をあげる生活環境―学校と連携する家庭・地域（pp. 3-32） 溪水社、山本義史（2016）. 教育・学習の課題と展望 前掲書（pp. 141-162)、に加筆・修正して執筆しました。

第Ⅲ編　教育の方法・技術

—子ども／学級／文化と関わる教育臨床—

第8章　学校教育の臨床

—教科指導／特別活動／生徒指導の実際—

「臨床」は本来医療界で使用された用語です。しかし、漠然とした机上の理想論でなく、「計算の方法が解らない児童」「級友のからかいにストレスを感じる生徒」に、算数の面白さが感じられ、級友と希望を持って楽しむ学校生活を保障しようと考える場合、教育もまた臨床の視点から取り組む必要があります。「元気になって下さい」と言うだけでは医療にならないのと同様に「頑張ろうね」だけでは教育といえません。では、発達課題に取り組む学校教育の臨床とはどうすることでしょうか。

第1節　授業；教員の本業

1　教育臨床としての授業

日本の学校制度は、1872（明治5）年に小学校4年間を義務制にしたことから始まります。発足時から、学校は教科の内容を「授業」を通して指導する機関という役割を果たしています。教員が指導する教育内容を子どもが暗唱したり実演したりして受け止め習得する相互作用、それが「教授・学習過程」です。子どもに内容理解が深まり、あるいは理解が浅く停滞するのは、子どもの理解力／能力にもよりますが、教授・学習過程の質／実態によるところも見逃せません。理解が深まらなければ、学年の進行につれ、子どもの学習意欲が減退しやすくなります。

この意味で、授業は、それを受けて学習し、ひととしての発達過程を歩む子どもにとって重要な教育臨床の一つです。理解が深まらず、劣等感や未達成感を持ち続け、自信を失ったり、学校に来なくなったりすれば、子どもはやがて発達上の危機に直面します。教員は、授業を重要な教育臨床として受け止め、在籍する全ての児童生徒に良質な学びを呼び起こす授業を提供しなくてはなりません。これが教員の本業だからです。

2　授業の目的／目標と方法／技術

大きな目で見れば、授業の目的は、憲法第26条が保障する「教育を受ける権利」の保障にあります。法制上、教育は、教育基本法第１条において「人格の完成を目指し、平和で民主的な国家及び社会の形成者として必要な資質を備えた心身共に健康な国民の育成」を期して行なうこととされ、第２条にその具体的目標が記されます。教育の一環として行なう授業は、第１条及び第２条を目指す活動です。子どもにはその内容を学ぶ権利があり、学ぶにふさわしい教育／学習条件を整備するのが教育行政の責任です。

ここで解るのは、授業の目的／目標が、子どもの教育を受ける権利と一体関係にあることです。教授・学習過程がそれを如実に表します。教授・学習を相互作用として繰り広げる制度について詳細を定めたのが学校教育法等、多数の教育関連法です。また、これらの法令に即して授業を具体的に経営／運営／運用するのが教育実践です。実践は単に教育的業務を行なったというのでなく、一人ひとりの子どもの発達条件に即した課題の解決をめざす活動、即ち教育臨床実践であることが期待されます。それには、教育の理念、教育の課程を前提に、教育の効果を上げるべく考慮し、理論的根拠に基づく方法／技術が創造／構築される必要があります。それにはさらに、事実／事態としての授業の過程を冷静に見極める必要があります。

例えば、長期間欠席している子ども、感染症を回避するため「自主休校」している子ども、虐待が原因で恐怖感が残り、授業に積極的に参加できない子どもなど、「授業参加が困難な多様な子ども」への可能な限りの教育方法が配慮されなければなりません。

3　授業の過程

では、授業は一般にどのように進行するでしょう。研究会として行なう場合、教員は授業に先立ち「指導（授業）案」を作ります。指導案は、授業の進行一覧という性質を帯びます。これを基に検討すると、授業は、「教員と子ども」「教育内容」「内容に関わる教材」、これら三要件を基礎に構築されるコミュニケーションによって進行します。コミュニケーションの基礎は価値ある内容の教え／学び／追求／創造にあります。

例えば、中学校「技術・家庭」の一環として行なわれる指導内容「中学生に必要な栄養を満たす食事」の授業の場合を想定しましょう。中学生期の自我の発達を前提に、健康と食事／食習慣の形成／食材の選択／調理実習などが教授・学習過程として教え／学び／追求／創造されます。「今朝、何を食べたかな？」「食べ物と健康や病気との関係は？」「夕食を食べ残して、スナック菓子を採るのは？」など、多様な発問が可能です。個別に答え、話し合い、考えをノートする…等いろいろな対応があります。生徒は教員の語りかけのみでなく、級友の発言にも注意を傾け、知識や技術を広げ、見方や考え方を深め広げることができます。この過程が全体として他者を相互に肯定的に受け止める雰囲気を作り出して進展すれば、相互に信頼しあい、活動しやすく学びやすい学級風土になります。

４　授業の評価

教員が子どもに対して行なう評価には、成績評価、学習評価などがあります。これに対して、授業の評価は教員が行なった授業について、子ども／保護者／授業参観者／他の教員等が行なう評価を指します。それらは、形式の整った評価から、評判などまで多様な形として現れます。高等学校までは子どもによる形式の整った評価は殆ど無いと思いますが、大学では、近時、学生による評価が広く行なわれています。

では、評価については何に注意すべきでしょう。基本は授業の目的／目標／方法／効果から見た妥当性です。それには評価する人が授業の目的等に相応に精通していなければなりません。すると、「だから小学生による評価は無理なのだ」といわれるかも知れませんが、そうとも言えません。子どもが興味や関心を寄せ、知る喜び、作る楽しさを深い次元で味わう授業は、指導案の文面上の文言よりも、ぐいぐい子どもたちを引き寄せます。かといって、例えばダジャレで子どもを引き寄せても、学習効果は上がりません。評価が真に妥当であるか否かは判断が難しいのです。評価の公正／公平性を維持するには多面的／複合的な視点が必要です。

5　授業の準備；子どもの理解と教材研究

目的や目標に即し、かつ児童生徒の興味や関心を深め広げる授業を行なうには、事前に授業の準備が必要になります。それは、内容、順序、資料、活用する技法、それらの組み合わせなど、教員が脳裏に整理する準備のみならず、予め子どもに準備させたり調べさせたり意見を持たせたりするなど、学習者に対して行なう準備もあります。また、授業は参加者全員によるコミュニケーション過程として進行しますから、内容を深め広げるコミュニケーションが展開するための、日々の学級経営／学級づくりが大切です。こうした授業準備の全体が、教員にとって重要な仕事の一つ、教材研究です。教育効果は、教材研究の精度と、その継続・累積によって決まるというも過言ではありません。

例えば、日本の子どもたちが「給食を取る時刻」にアメリカやカナダの子どもたちが「睡眠中」なのは何故かを理解するには、地図帳よりも地球儀を活用した方が効果的です。児童が一通り理解した段階で、「では同じ時刻に、パリの子どもたちはどうしているだろう？」と発問すれば、経度による位置の違いと「時差」の関係がより明確になります。それには、国境線のある地球儀、自然を表現した地球儀など複数の地球儀が活用できるように準備されていなければなりません。また、地球儀を活用した教示と地図を活用した教示が共に理解できるよう事前の指導が必要です。

第２節　教科の授業

１　教科教育と教科の授業

学校で教科の授業として行なわれるのが「教科教育」です。教科教育は、学校教育関連法や学習指導要領に基づいて行なわれます。この点に、例えば「国語科教育」と「国語教育」、「音楽科教育」と「音楽教育」の違いがあります。もちろん両者は重なり共通する部分も大きいですが。

教科教育は、教科の授業を通して学校教育関連法に基づく教育目標の達成を目指して行なわれます。こうした教科教育を受けて児童・生徒が行なうのが教科の学習です。それは、前に記したように、教育基本法第１条、第２条等の実現を目指して行なわれ、主権者としての人間に成長／発達する目的を達成しようとして行なわれる活動です。

この点で、教員は、主権者としての子どもの成長／発達を促し支える、充実した授業を行なう責任を持ちます。もし、この成長／発達過程に「学びを損ねる事態」が発生した場合、教員等は、迅速にその危機を軽減／解消する臨床的対応を行なわなくてはなりません。日々の教科の授業が、子どもに深い認識を促しているか、欠席しがちな（せざるを得ない）子どもへの対応、教室に違和感を感知する子どもへの対応、さらに、それらが真に適切に行なわれているかどうか、念入りなチェック／反省が必要です。

２　教科指導の目的／目標と方法／技術

教科教育の目的／目標を、少し微視的な視点から探りましょう。例えば中学校「社会」の地理分野には、日本列島の成り立ちや気候、地勢と経済活動、交通網や都市の発達などの内容が盛り込まれます。授業を通して生徒がこれらの関係を理解し、地理的思考ができるようになったかどうかの評価は、一般に筆記試験によって行なわれます。教科指導は、教科教育の下位概念として、目標の達成を目指して行なわれます。通常、教室で行なわれる教科教育の実際は教科指導であるというも過言ではありません。

教科指導に際して、目標達成を目指し、指導方法／指導技術／教育機器の活用／学習方法の改善／開拓などの重要性が学校段階や校種を問わず指摘されています。特に急速に求められはじめたのがＩＴ器機の活用です。

教科指導の方法／技術として、もう一つ重要なのは、ソフトないしメンタルな側面を伴う調整です。手際のよい器機の取り扱い等と並んで、言語活動はもちろん、表情／身体活動全体などの非言語的活動を介して行なう適切なコミュニケーションの調整が問われます。制度による拘束を弱め、個性を尊重する今日、改めて、メンタル面の調整は重要な課題です。

３　指導／学習の展開過程

教科の授業では、通常、教員の指導の下で子どもの学習が進行します。聴き、読み、書き、復唱／暗唱し、歌い、演奏／実演／演技／実習し、話し合い、意見を調整し、発表するなど、目的に応じて多様な活動を展開します。それらは子どもが知識／技術の習得によって自立の途を歩む発達過程に統合されます。子どもが教室で授業に参加する活動は教員の指導の下にありますので、問われるのは教員の指導力です。

指導は、通常、指示や教示、問いや発問として子どもに発せられます。どのように教示するか、何を追及させるためにどんな内容をどのように発問するか、教員には予め質の高い教材研究が必要です。教材研究が不十分なまま、指導者という地位／役割を利用した「厳しい叱責」などの統制力だけで子どもを授業に集中させるのは本末転倒です。

用意周到な授業では、本時の目標や内容、方法が授業の進行過程で児童生徒に分かり、理解できるように仕組まれます。板書、カードやＩＴ機器の使用、発問のタイミング、子どもの回答が正答あるいは誤答の場合の受け止め方、子どもの間で異なる解答や見方／考え方が表示された場合の対応など、あらゆる場面を想定した予測される対応とその調整が、教員の脳裏に構築されていなければなりません。こうした要件を満たす授業こそ、子どもの思考を深め、発見を促し、教員も授業のソフト／メンタル面で腕を磨き、教員と子ども両者の信頼関係を深めます。

４　内容の探究

では、授業において教育内容を探究するとはどうすることでしょう。小学校６年生の算数に円の面積を求める課題があります。図形の面積を求める課題は、体系的に見れば、長方形、三角形、一般の四角形、多角形の順に複雑になります。その上で円が登場しますが、それは数学の体系から推測して、長方形の面積の求め方を基盤に追求する課題であることが推測されます。

そこで、例えば画用紙に描いて切り取った「円」を準備します。この円を、中心を基軸に４等分し、さらに８等分、16等分…して四角形に近い状態を児童に見えるように黒板に貼付します。

「貼っていったら、どんな形になるかな？」などと会話し、その上で発問と応答を予測します。

T「32等分、64等分…と細かくして貼ったらどんな形になるかな？」
S「長方形になるんじゃないかな！」
T「そう！そうかもしれないね。みんなにそう見えるかな？」
S「そうです、長方形になると思います！」
T「曲線で描かれた円の面積でも、方法を探れば、直線で描かれた長方形の面積を求める方法で求められるということですね！」
S（隣席同士で話し合い、確認し、互いに理論／理屈として理解できる状態になるのを共有／共感する）
T「では、机の上で、自分で切り貼りして、確かめましょう」
S（各自で作業。早く終了した児童は級友にアドバイスするよう指示）

この指導には、教員が、円の面積を追及する方法の先に「微分」「積分」という数学の体系が連続することを予め自覚している必要があります。

5　発問／応答と思考の拡大／深化

発問は「単なる楽しみ」「クイズごっこ」「時間稼ぎ」としてするのではありません。児童生徒が課題に直面し、課題の本質に気づき、追求し、発見し、既知の内容と繋ぎ合わせ、さらにその先の問いを持つように導くのが発問です。楽曲に例えれば、序曲が最初の発問です。第二楽章、第三楽章…と繋がり、フィナーレを迎える頃には聴衆も演奏者も共に深い感動を味わいます。授業もこれとほぼ同じことです。

この意味で、教員は、子どもの過去経験や習得している知識／技術と、これから展開する授業で探求する内容を繋ぎ、さらにこの後の夫々の知的／技術的な学術的体系がどのように展開して行くのかを、相応に、概要として理解しておく必要があります。教員にそうした準備があってこそ、子どもの思考の拡大／進化が可能になるわけです。

6　知識と技術の獲得

この意味で、子どもが授業を通して獲得する知識／技術は知識／技術の学術的体系の一環として獲得するのが望ましいことになります。ひとは幼少期から生活体験の下でいろいろな知識や技術を獲得します。それらは生活を支える大切なものです。同様に、授業を通して学術的体系の一環として獲得する知識／技術には、進行形で展開する生活体験を意味づけ、その本質から価値を探り、「成り行きに従う体験」一般を、少しく異なる「受け止め切り開く体験」に変える重要な意味があります。教育基本法第１条、第２条に即した知識／技術の獲得こそが授業において求められるのです。

7　認知／認識／態度／表現／発信／行動の変容

教育基本法に即した知識／技術の獲得を目指して授業を継続した場合、子どもは、その内面で認知／認識／態度の変容を経験し、対人的、対集団／社会的には表現／発信／行動の変容を遂げていきます。もちろん個人差があり、個性の違いがあります。

それには、授業において、理解が遅かったり、テストで高得点できなかったり、実技でうまく表現し演じることが出来なかったりする子どもに対して、教員や学級集団が共感的に受け止める集団態勢が構築されているかどうかが問われます。級友が認知／認識／行動等の変容に向かう姿勢に対して、何かの理由（長期欠席等）で後退した場合でも、それらの変容に向かって回復の途を歩む子どもに対して、軽視／軽蔑／無視ではなく共感／受容／支援する態度や行動をさりげなく表明する学級づくりが必要です。

８　思考／意欲の深化／向上と自律

興味が湧き、関心を寄せ、思考が深まれば、子どもは叱咤されなくても学習意欲を内発します。この意欲を支えに、少し難しく高度な次の目標に挑戦する課題を受け容れます。例えば、小学生の場合、日本とアメリカや中国との「時差」に気づかせるには地球儀を使うと効果的に進めることが出来ることを記しましたが、同じ内容でも、ニュース等で「現地時間（刻）で△時、日本時間（刻）で△時」と報道される事例を提示し、「時刻の違いとは何か？」と尋ねる方が児童の思考を深めます。地球儀を使ってその本質を知ると、丁寧に地図帳を見ていた児童が質問するでしょう。「でも、太平洋の真ん中あたりで、日付変更線が変に折れている！」と。

「いいところに気づいたね！」と声掛けできる教員でありたいものです。この、いくつにも折れ曲がった日付変更線の説明には太平洋に点在する島々の統治や独立の歴史が関わることを説明しなければなりません。

教員の説明／解説が本質を突くとき、児童生徒は、自分が発した質問から、さらに深い学習ができることを体験します。それは、単に知識を増大するに留まらず、自ら問い、尋ね、探し、目指す内容の奥義に近づく「自立の過程」に通じる行動でもあります。

９　指導内容に即した教材・教具の活用

指導は、したがって、内容に即した思考の展開／開発的な教材／教具を活用して行なうのが望ましいことになります。この場合、中学校や高等学校では、例えば理科の実験等について、実験室に予め必要な教材／教具がそろっていることが多いですが、小学校の場合、教員が工夫しなければそれらがそろわない場合が多々あります。教員によっては「口（くち）実験」でパスしてしまう場合があるようですが、子どもの未来を想定すれば、それは授業の本旨を歪めることになりかねません。

理科の場合、実験とその整理、後片付けは時間的にかなり時間を取ります。最終校時（６限目など）あるいは中休み時間が少し長い第３校時に設定するなどの工夫ができれば、問題は少し解消します。義務教育を充実させるなら、本当は実験補助教員の採用が小／中学校でも必要です。

10　子どもの理解と教材研究

教材研究は、記したように子どもの立場から探求したい／させたい内容に即して行なわれなければなりません。同時に、教員の立場から、この点は「普遍的価値」として指導すべきと考える視点に即しても行なわれる必要があります。授業を通した「価値の伝承」が学校教育の本旨です。広い視点に立てば、社会は教員と子どもとの間に「価値の伝承」が絶えず進行する制度として設計されており、その調整を教育行政が行なうことになります。また、教員による子ども理解は、提示された教材の価値を理解し、受け継ぐ態度と行動を習得する子どもの育成を期することと言えます。この循環が持続するとき、教育は歴史と言う社会実験に託されることになります。

11　教科授業の評価

教科の授業評価は、第１節で述べた内容とほぼ重なります。教材研究の適切性、とりわけ教材／教具の取り扱いや発問など、内容の本質に迫る本格的な働きかけが子どもに対して適切に行なわれたかどうかを評価します。授業の質の向上は、他の教員や児童生徒からの評価を受け止め、最終的に授業者自身がどのように自己評価したかにかかっています。もちろん、評価を巡って強度の心理的／精神的ストレスを感知することは避けなければなりません。評価は、ストレスを与えるために行なうものではなく、教員、子どもがともに質の高い授業を目指すために行なうべきものだからです。

第３節　特別活動の「授業」

1　特別活動の意義

特別活動は教科の授業と並ぶ、教員の重要な本業の一つです。教科の授業内容については、理由があって長期間欠席した場合でも、保護者や家庭教師等によって知識／技術面を少しくカバーできる面があります。しかし、特別活動については、それを期待するのはかなり困難です。しかも、特別活動を通して子どもが成長／発達する側面はけっして小さくありません。

特別活動が学習指導要領においてどのように謳われているかを探ってみましょう。小学校学習指導要領の記述は次の通りです。なお、中学校学習指導要領に記される特別活動の「目標」も、ほぼ同じ内容です。

………

第１、目標

集団や社会の形成者としての見方・考え方を働かせ、様々な集団生活に自主的、実践的に取り組み、互いのよさや可能性を発揮しながら集団や自己の生活上の課題を解決することを通して、次のとおり資質・能力を育成することを目指す。

⑴　多様な他者と共同する様々な集団活動の意義や活動を行なう上で必要になることについて理解し、行動の仕方を身に付けるようにする。

⑵　集団や自己の生活、人間関係の課題を見いだし、解決するために話し合い、合意形成を図ったり、意思決定したりすることができるようにする。

⑶　自主性、実践的な集団活動を通して身に付けたことを生かして、集団や社会における生活及び人間関係をよりよく形成するとともに、自己の生き方についての考えを深め、自己実現を図ろうとする態度を養う。

………

一見して気づくのは、特別活動が他者との人間関係や集団との関係／繋がりを学ぶ機会として位置付けられている点です。それはとりもなおさず、学齢期に行なうべき発達課題達成の一翼を学校教育が担おうとする教育行政意思の表れだといえます。

2　特別活動の目的／目標と方法／技術

では、これを「授業」として行なう場合、特別活動にはどんな目的／目標、方法／技術が問われるでしょう。特別活動として取り上げられる学級活動、児童（生徒）会活動、クラブ活動、学校行事から探ってみましょう。

例えば学級会活動には、議題を話し合う学級会や学級行事などを通して学習集団としての学級の質を改善／向上させる目的があります。学級が帯びる性質によって、学びやすいか否か、級友のために一役受ける気持ちが湧き出すかどうかなどが決まる側面があります。複数の学級に同じ教科の指導で関わる中学校や高等学校教員の多くは、学級による教えやすさの違いを感知します。学級の風土／雰囲気を改善するのは教員と子ども全員の責務／課題ですが、間接的には保護者の態度／行動も関わっています。

学級の風土等に問題が生じた場合は、したがって、教員、級友、保護者等まで広い視点からその要因を検討し、同じく広い視点から改善方法を探る必要があります。

3　特別活動における指導／学習の過程

児童会／生徒会活動の場合、小学校／中学校／高等学校の順に、教員による指導より生徒の自発性に委ねる分が増大します。児童会／生徒会は民主的な自治を学ぶ体験として重要です。全校児童・生徒会／児童・生徒会事業／行事にも自治の要素が入ります。また、そうでなければ特別活動として取り上げる意味が失われます。

では、自治を重視する場合、指導はどのように行なわれるでしょう。教員による指導においては、子どもが展開しようとする自治的活動が、自治本来の趣旨に沿っているかどうかを観察し、必要な助言をすることが必要です。子どもにすべて教示／指示するのでなく、子どもに考えさせ、失敗や試行錯誤も容認します。自治は、一人ひとりが異なる体験／認知／認識などによって抱く多様な意思を、まとめたり違いを容認しながらことを進めたりする、課題や困難を伴う活動です。市民社会が自律的に運営されるには、学齢期からこうした自治を構築する体験が必要です。

４　子どもの理解と事前準備

クラブ活動は、子どもにとって最も楽しい学校体験の一つかもしれません。とはいえ、そこでも教員による子ども理解と事前の準備が求められます。子どもがクラブ活動に参加する場合、先ず、所属する活動を選択する段階があります。学校規模によっては指導する教員が少なく、クラブの数が限られる場合があります。もう一つ､子どもにとって問題が生じるのは、ともに活動する仲間です。学級の場合は、基本的に１年間ないし２年間を同じ級友と過ごします。１学年１学級の場合は、６年間、あるいは３年間を同じ仲間と過ごすことが当然視されます。これに引き換え、クラブの場合は、誰がその部を選択するかは互いに未知数です。また、協働で行なう作業やゲーム／プレイがある場合、自分が作業やゲーム／プレイのどの役割を担うことになるか、子どもにとっては微妙な問題になります。

教員が決めるのでない場合、子ども間の話し合いは難しい局面を迎えることがあります。例えば野球の場合、誰が投手／捕手等になるか、子どもにも微妙な駆け引きが生じます。ここでも自治の学習が必要なのです。こうした状況を教員は事前に熟知し、検討しておかなくてはなりません。

５　特別活動の評価と事後指導

特別活動の成果には次の性質が伴います。第一に、教科の授業のようには目に見えない面が多いことです。遅効性と言ってよいかもしれません。成果を即刻出そうとして「無理な指導」を行なったとき発生するのが体罰や過重な練習等による心身のストレスです。

第二に、特別活動自体が、多様／多数の過去経験を基礎にするということです。逆に見れば、これから行なう多様／多数の経験を活動の本旨に基づく目標／内容／方法に切り替えれば、子どもの行く手に多様／多数の成果が期待できます。指導する教員も成果にあやかりたいのは十分理解できますが、成果は先ず子どもに、次に社会に、その上で指導した教員にもと言う順に考えるほうが教育の本旨に沿います。

さて第三は、いま記したことと関連しますが、特別活動の成果は、子ども本人や社会に、いたるところで立ち現れます。法や道徳はもちろん、望ましい行動文化や生活態度を伝承し、人間関係を調整し、外圧ではない自律的態度を貫くなど、日々の暮らしや人生を支える認知／認識／行動の基礎になります。そこにはもちろん教科の授業成果も関わります。

もう一つ付け加えれば、それはひとの暮らしや人生に楽しみをもたらします。高学歴化した今日、20歳代は、まだ就職試験や資格取得試験などの勉学が大きな比重を占めるでしょう。30歳代、40歳代も、昇任／昇格試験等で手いっぱいかもしれません。しかし、60歳代なかば以降、とりわけ後期高齢期以降になると、そうした外的要請がほとんど無くなり、自分のしたいことが出来る状態になります。この時、学齢期に体験した特別活動等が大きな役割を果たすことに気づきます。それには、そろそろ「職業世界」から卒業することが予測される50歳代、60歳代に「来し方、今、これから」を冷静に見つめ、持ち合わせる諸能力を「今とこれから」にむけて活用する心の準備が必要になります。

第４節　生徒指導；成長／発達を支える一斉指導／個別指導

1　生徒指導の意義／目的／目標

厳密な概念区分をするのではありませんが、教科に関する指導と並行して、子どもがよりよい生活習慣を形成し、級友関係をよくして社会性を豊かにするための教員の支援活動が「生徒指導」です。

1980年代頃まで、こうした活動は「生活指導」と言われていました。それは、歴史的に遡ると大正デモクラシー期の「綴り方教室」など、児童が自分や家族、地域や社会の暮らしを見つめ、観察／体験したことや考えたことを作文に綴ることによって自己を冷静に観察する活動に端を発します。1945年の終戦以後に特に著名になったのが無着成恭の『やまびこ学校』に代表される「生活綴方」です。

この流れは今日も継続しますが、いま学校で教育行政が採用するのはアメリカのガイダンス理論に基づく生徒理解と指導、「生徒指導」です。文部科学省は2010（平成22）年、「生徒指導提要」を公表し、学齢期児童／生徒の成長／発達に押し寄せ、生起する様々な阻害状態をどのように予防／回復するか、望ましい成長／発達を促すどんな方策／対策／指導が求められるか、多面的／多角的に探っています。

この提要によれば、生徒指導は子どもの人格を尊重し、個性の伸長を図り、社会的資質や行動力を高める目的で行なう教育活動を指します。そこに期待される主な機能は、第１に「自己決定」の場を用意すること、第２に「自己存在感」を高めること、第３に「共感的人間関係」を構築すること、などとして集約することが出来ます。

２　子どもの環境と行動の理解

こうした提言の背景には、1970年代から顕著になる「不登校」状態の増加、1980年代に顕在化した「校内暴力」「いじめ」「いじめに起因する自殺」、1990年代の「暴走行為」「特殊詐欺事件」、2010年前からの「無気力」「意欲喪失」「ひきこもり」状態の増大などがあげられます。いじめやひきこもりも、時の経過に伴い、状態に変化が生じています。白日の下で行なういじめは後退し、見えにくいネット上の書き込みによるいじめが顕在化しています。隠れるように潜むひきこもりでなく、学ばず働かず集団社会参加しないひきこもりの増加も表面化しています。ほぼ終日ＩＴ器機を相手に過ごすタイプです。

こうした事態を書き並べると、非難の声が聞こえそうですが、大切なのはそのようになる「要因を解明し、子どもに主体性を回復する治療／指導

／援助」です。再び、教育基本法及び学校教育法の各条項を検討し、これらの諸課題を自覚した対策が求められます。

すでに幾度も述べたように、ひとは生育／成長／発達する環境と相互作用し、多分に環境から影響されて「今の自分」を形成します。つまり、無気力も暴走も生来の性質や行動ではなく、環境との相互作用による影響が大きいわけです。環境の改善、子どもに試みる認知／認識／行動の改善指導等による主体性の回復が求められます。

3　生徒指導の展開と子どもの学習

では、環境の改善、認知／認識／行動の改善は、子どもにどんな変容をもたらすでしょう。環境改善は、家族／学校／地域／全体社会にまで及び、またカギを握る個人（キーパーソン）や集団（キーグループ）にも求められます。その全容を逐一記すことができないので、大分市の鷺野小学校ＰＴＡ（当時筆者は本校PTA会長役）が行なった実例を記します。

役を受けた初年度から行なったのは、「総会出席率を70％まで高める呼びかけ」「話し合いの公平／公正／民主化」「学級懇談時の幼児保育」「ＰＴＡまつり」などです。２年目には「障碍児学級と職員室をつなぐ校内電話の架設」「学校五日制導入対応活動」などに着手しました。この過程で、「ＰＴＡは自分たちが創るもの」と言う自覚が向上し、父親の参加も増加します。相互協力などの抽象的な内容が具体化し始めます。提案した役員等が最初に汗をかく、何故、何を目指して行なうのかを分かりやすく広報する、参加する人を歓迎しつつ拒む人を排除しない…などの方針を見える形で打ち出します。その上で迎えた３年目、「一家庭一実践」を実施。親子で何をするか話し合い、決めた行動を１年間継続し、子どもの変容過程を年３回、３～４行（50～80文字）の文章にまとめる実践を行ないました。

例えば、一年生児童の場合、「げんかん　の　くつをそろえる」、五年生の場合、「登校前に行って来ます、と挨拶する」のような内容です。たわいない内容に思われるでしょうが、効果は現われるのでしょうか。

効果の一つは、１年半後を経過した頃に中学校教員から発せられました。「鷺野小卒業生は学習態度がいいですね」と、幾度も言われたのです。もう一つは、主として協力した母親たちから「はじめは面倒だと思っていたけれど、続けてみると、子どもにいっぱい声掛けしているのに気づいた」と言う意見が沢山発せられたことです。さらに、「子どもとの話がうまくでき、親子の言い争いが減った」という声もいくつか届きました。もちろん、これだけで環境改善が成功したとはいい切れず、偶然そうなっただけかもしれません。ただ、さらに後に、大学進学時に、この実践に参加した当時の卒業生が、その前後の卒業生よりも、高得点が求められる進路先に高い比率で合格したことは諸般の事情から確かです。もちろんこれは中学校や高等学校の指導の成果であって、小学校ＰＴＡの実践の成果とは言い切れないと言われればそれ迄ですが。

４　生徒指導の方法／技術

小学校のＰＴＡという、教室からはかなり外側の環境改善について記しましたが、しかし、環境改善は「机上の議論」を繰り返すだけではほとんど何の成果も出せないのが現実です。したがって、古来、長期の実践によって経験的に効果があると考えられる活動には相応の効果が期待できるものと思われます。伝統行事などがそれです。2020年から2023年へと続くコロナ禍において、例えば学校で特別活動が十分できないこと、家庭や地域でそれぞれ伝承された行事や事業のできないこと等が児童生徒に与える影響が現れているといわれますが、今後の研究に待ちたいと思います。

さて、こうした環境改善と並んで、今日、生徒指導には、教育相談／カウンセリング／学校家庭地域連携／居場所づくりなど、直接子どもを対象に行なう相談／協議活動があります。複数の子どもに共通する課題の場合は、学級会などの話し合いも行なわれます。教員による家庭訪問や時にはケース会議も行なわれます。

こうした場合に、道徳的説法でなく、当事者がこれまでに構築してきた認知／認識／行動の習慣、その環境、それらの間に進行する相互作用、そこに生じた結果の受け止め…等、事態の進行過程に即した事実に基づくデータに沿った改善策が必要です。もう一つ大切なのは、生徒指導が、問題の子どもの問題行動の改善を目指すだけのものではないことを教員も保護者も知ることです。生徒指導は、むしろ、一人ひとりの児童生徒の望ましい発達を期して行なう活動であり、その意味で、全ての児童生徒のための教育活動です。

5　生徒指導の評価と事後指導

生徒指導の成果を評価する公正／客観的方法はまだ整っていません。生徒指導の目標が多岐に及ぶことも、評価を困難にしている一因と思われますが、さらに、目標として挙げられる項目内容が抽象的で、数値では証明しにくいことも大きな原因です。

とはいえ、蓋然的ではありますが、「教室に活気がみなぎる／感じられない」「子どもの多くが相手の存在を重んじている／軽く見ている」「少しでも違いがあるとすぐからかう雰囲気がある／違いを相互に認め合う雰囲気がある」など、教員だけでなく、学校に来、教室に入る児童生徒の多くが心身全体で受け止め感知するものがあることは誰も否定できないと思います。それを、どう科学的に「操作」できる方法として構築／発見するかが問われているところといえます。

こうした評価について、今日特に問われてきたのが「チームとしての学校（チーム学校）」です。学校に直接所属する教職員のみでなく、スクールカウンセラー、スクールソーシャルワーカー、スクールロイヤー、校医、歯科校医、児童相談所専門職員、ＰＴＡ役員、場合によっては民生／児童委員や交番警察官など学校外の協力関係者による連携が必要になります。この場合、学校管理職者や教育行政者には、教員以外の各専門家（職）を、目的に沿って連携／機能させるコーディネート力、マネジメントする能力が要請されます。

「チーム学校」が順当に機能すれば、学校は閉鎖性を改善して開放性を増大し、「子どもの最善」をより効果的に求め得る存在になります。ただし、それには教員がより一層教育の本旨を理解し、「声高の外野」に左右されないことが求められます。「外野の専門性」を引き出すことが「チーム学校」の成／否を握るカギです。

参考・引用・紹介文献

市川昭午編著（2006）．日本の教育と社会④教育基本法，日本図書センター
大分市立鷲野小学校PTA（1995）．手さぐり手作り手つなぎするPTA，近代文藝社
木原孝博ほか編著（1993）．学校文化の社会学，福村出版
国立教育研究所（1974）．日本近代教育百年史（1-10），（財）教育振興研究会
住田正樹ほか（1999）．人間の発達と社会，福村出版
住田正樹（2014）．子ども社会学の現在，九州大学出版会
中嶋明薫・渡辺安男編著（1991）．変貌する地域社会の生活と教育，ミネルヴァ書房
林竹二/斎藤喜博（1972）．学問・芸術の追求と授業．斎藤喜博の個人雑誌・開く，明治図書出版
藤田英典・大桃敏行編著（2010）．日本の教育と社会⑪学校改革，日本図書センター
文部科学省（2017）．小学校学習指導要領，東洋館出版社
柳　治男（2005）．<学級>の歴史学，講談社
油布佐和子編著（2009）．日本の教育と社会⑮教師という仕事，日本図書センター

第９章　授業実践の技術

—認識の深化／拡大の促進—

学校で行なう活動／体験を発達に関わる教育臨床と位置付けて来ました。この章は、学校で最も多くの時間をかける教科の授業について、教育技術を中心に記します。技術というと、理念／方法論より低く見られそうですが、実は違います。提示／教示されれば誰にも出来る技術はもちろんあります。しかし、学校／学級の動向や児童生徒の状態、教材の本質など、多方面にわたる調整が必要な授業技術の場合、多くは習得するまでに長い年月が必要です。授業技術には、芸術家や調理師などが年月をかけて習得する技術と類似／共通する面が沢山あるのです。

第１節　授業の要件

１　学習意欲；学習活動への参加／関与と学習集団

授業は、教員が目的や目標をもって計画的に行なう教育活動です。その意味で、学校で行なわれるほぼすべての教育活動が授業に該当します。ただ、遠足や学級会、クラブ活動や文化祭などを授業といわないのも事実です。そこで、ここでは授業を「教科に関する教育活動」に限定して授業技術を考えます。

授業を「授業実践」と強調するのは、その授業に教員の意識的／自覚的な理念や意図が計画的に反映される場合です。では、授業はどのように実施されるでしょうか。教育関係者なら、授業参観後「深まりのある授業だった」「上滑りで断片的知識を習得しただけ」など、多様な感想を述べあうことがあると思います。その殆どは教員の意識的／自覚的意図や計画と関係します。では、意識的／自覚的意図や計画を踏襲した授業を実施するにはどんな要素に留意すべきでしょうか。

第一は、何よりも子どもの学習意欲です。それは、学習内容への参加／関与意欲と、共に学ぶ学級（学習集団）への参加／関与意欲の２面から構成されます。学習内容への参加／関与意欲は「興味」と「関心」の程度によって異なります。ここで、興味というのは面白く／楽しく／快適で／引き込まれる内容に対して示す情動／感情的傾向を指します。また、関心は、内容について大切／重要／価値があると思う認知／認識的傾向を指します。子どもは学年が若いほど「興味」に重心を置き、学年が進むにつれ「関心」に重心を置いて授業に参加／関与することが出来るようになります。

授業を構築する第二の要件は、子どもが学級を構成する他のメンバーを相互に容認する集団状況が生まれるか否かです。必要な場合は競争／競合／論争しながらも、相互に相手を共に学ぶかけがえのない人格として認めあう関係の有無です。また、一人ひとりの子どもが、そうして作られる学級に溶け込み馴染もうと務めることです。教室を「学びあう居場所」として受容するかどうかということです。馴染み方に個別の相違はありますが、それは互いの個性です。このような学級集団が構築された場合、子どもの間に互いに個性を共感／容認しあう社会心理的状況として学習する「学級風土」が生まれます。こうした過程を経て、授業は授業実践になります。

学習の展開を支える授業技術が深く厳しく問われるのはこの意味においてです。その実際に迫ってみましょう。

２　学習の展開を支える教授法

授業で問われるのは、子どもに質の高い学習を促す活動です。教員には子どもに質の高い学習を促す技術が問われます。それらを類型化すると、１）児童生徒の参加／関与意欲を高める技術、２）学習する学級風土を創る技術、３）適宜、他の社会資源を活用する技術…などになります。これらは相互に関係します。

(1) 児童生徒の参加／関与意欲を高める技術

児童生徒の参加／関与意欲を高める技術として問われるのは、先ず、子どもが何に興味や関心を持っているか、逆に、まだ持っていない興味や関心は何か、いろいろな活動や会話を通して知ることです。メモをきめ細かくとります。興味を呼ぶ所から始めなければならない児童生徒がいることを前提に授業をイメージします。興味を広げ、深め、さらに関心を広げたり深めたりする工夫を試みます。例えば、小学校で立体図形を指導する場合、前もって、例えば図画工作用に石膏で作られた四角柱／円柱／球などに直に触れさせます。その透視図が板書されたとき、石膏の実物に触れた経験が「見えない輪郭線」をイメージし易くします。地図帳を開き、平野／山地／山脈などを指でなぞらせると、その意味が理解しやすくなり、「濃尾平野」などの固有名詞の地名も、「美濃」と「尾張」にまたがる平野であることに触れれば記憶しやすくなります。

新しい単元に移る場合、「ここでは何が分かるかな？」と問うのも興味や関心を呼び起こします。音楽では、ただ歌わせるのでなく、歌詞の意味や、その歌詞の背景、作詞／作曲者が生きた時代背景などにも触れると、子どもは歌唱時に情景を思い浮かべやすくなります。写生する場合は、描きたい内容について時間をかけて丁寧に観察させ、時には後ろに回って全方位から観察させ、手で触れさせ、陰による色の濃淡などに気づかせ、どんな色の組み合わせが似合うか、どんな濃さで表現するか、教員の問いかけ／発問がどれだけ広くかつ深く行なわれるかによって、描かれる絵画に明らかな違いが生じます。こうした技術は、取り上げたら枚挙にいとまがありません。総じて、教員にどれだけ豊かな体験と知見が蓄積されているかが決め手になります。その意味で、教員の暮らしと人生が、全て授業技術に投影されると言っても過言ではありません。

(2) 学習する学級風土にする技術

カギを握るのは、日々の子ども理解／生徒指導／学級経営です。学級集団のスタート点では一般的な当該学年向けの学級目標などが設定されますが、時間の経過において、子ども同士の交流が深まり、意思疎通が進めば、子どもの意見も取り入れながら新しい学級目標を掲げるのが学習意欲の向上を促します。具体的で、達成する筋道ないし段階が分かりやすく示された方が目標には適しています。教室の席替え、班づくり、体育館や特別教室で行なう授業の班や集団構成（理科の実験班、家庭科の調理班、バスケットボールのチームなど）も、子どもの人間関係を熟知して行なう必要があります。

同時に、学校や学級では、誰と班やチームを構成しても「好き嫌い」を調整して授業参加する態度／行動を習得させなくてはなりません。これは保護者とも共有すべき学級経営上の基本事項です。

⑶　適宜、他の社会資源を活用する技術

これは、事例／実例／具体例などについて、地域に在住する方や専門家などに適宜参加を求めることです。費用がかからない範囲に限定しても、そのつもりで探せば適任者・協力者はいます。児童生徒に新たな興味や関心を持たせることにもなります。校内資源として、養護教諭、管理職者、事務職員や給食調理員などの参加を求めることが出来れば、文字通り「チーム学校」の姿になります。S・CやS・S・W、校医、歯科校医なども比較的馴染みやすい社会資源です。教員は、その意味で、学校が存立する地域社会に一定程度の交流が可能な人脈を持つ活動に参加する必要があります。問題が発生した時、一人で抱え込まないためにもそれは大切です。

3　学習効果

授業の後、要所ごとに評価反省し、学習効果を確かめる必要があります。試験の成績だけでなく、子どもの表情、声、会話の内容、興味の拡大、関心の深化、個別学習やグループ学習時の態度、意見交換の流れ、論の進め方や結論の出し方、演技や実習態度など、厳密な意味では数値化が困難な面についても冷静に把握することが大切です。それは、教授・学習内容を広げたり深めたりするうえで必要な情報です。また、学級経営上の情報源にもなります。試験の結果と並行して短い文章として記録することが望まれます。

わかりやすい学習効果は、ペーパー試験などの点数で明示されます。これについては、よく「点数だけが教育ではない」と揶揄されがちですが、重要な評価の視点です。点数だけが云々…はそれに過度にこだわるべきでないということであって、学習が深まり広がって高得点に達することが大切でないはずがありません。

点数のように明示できない効果として、子どもの学習態度、意欲、学級風土などがあげられます。それらの一部についてはアンケート調査などからある程度数量化して把握することが出来るものもありますが、教員は、いわゆる五感をフルに使って子どもの実態を把握することが出来るよう訓練が必要です。医療関係者の場合、診たて／問診／脈診等を各種検査結果と同等に並置してアセスメントすると思います。同様に、教員は、試験結果／絵画等の作品／合唱時のハーモニー／運動時の態度や行動／意見交換の進行／掃除中の作業や会話など、幅広い視点／角度から子どもの学習効果を測定／判定する能力を開発する、ふだんの努力が必要です。

第2節　子どもとの関係づくり

1　個別の関係づくりと集団づくり

学級が学習集団として一定のまとまりと学習意欲の高い風土を構築するには、構成員全てが容認／受容しあう人権意識に基づく人間関係を成していなければなりません。学級を担任し、あるいは教科の授業で学級に関与する教員全てがこの認識に立つ必要があります。その上で、教員は、各児童／生徒と個別にも信頼し合える人間関係を構築する必要があります。それは、朝のショートホームルーム時や帰りの会、必要に応じて行なう接面指導など以外にも、あらゆる場面で臨機応変に行なうべきものです。

通常は教員から声をかけ、短時間の日常的な会話を行ないます。この過程で、子どもに自信をつけ、相手への配慮を促し、自己表現する機会を設定します。会話により、子どもの見守りや支援、時には励ましや応援などが自然に交わされるのです。小学生の場合は、「先生、あのね」という児童からの声掛けのきっかけを予め教えることも一工夫です。友人同士でも「あのね」が発せられるか否かは関係づくりに大きな差異を生みます。

こうした交流のきっかけ（契機）作りは、教員であると子どもであるとを問わず、日常の生活において自ずと生まれる「暮らしの英知」に委ねられます。どうしてもそれがうまくいかない場合は、うまくいくための仕組みを作ることも必要です。例えば、集団討議の折にいつも黙りこくっている子どもがいる場合です。

T「これから６分間、席を立って、声掛けゲームをします」
S「どんなことをするの？」
T「あらためて声掛けしてみようと思う友達に、『今朝、何時に起きた？』『好きな動物は何？』など、失礼にならないことを尋ねます。尋ねられた人も、声をかけてきた人に『夏休みにどこかに出かけるの？』などと声をかけます。簡単な応答を繰り返し、終わったら『有難う』を交わして次の相手に向かいます。どんな声掛けが出来るかな？と不安な人は、予め紙に尋ねる内容をメモしてもいいです。注意することが１つあります。声をかける相手を選り好みしないで、近くに来た人に次々声を掛けます。声をかけられた人は、必ず応えます。相手を選んだり避けたりするのはルール違反ですよ」
S「わかった。始めようよ！」

あるいは、「オクラホマミキサー」等の曲を活用し、ダンスの流れでパートナーが変わるごとに軽く「今日は」を交わすのもよいでしょう。作業が終わった後、自然な会話調で、受け止め／受容と回避／排除の功罪をかたることも大切です。

こうした活動で問われるのは、学級集団における「自分の役割」の認知であり、場に即した「役割交代（声をかけられた自分が、次は声をかける自分になる等）」の認識です。例えば、理科の実験グループではリーダー役になれない子が、合唱ではピアノを弾いたり、リレーでアンカーになったり、国語の朗読で「うまいね」と言われたり、役割はその場その時の課題に即して変化／交代できるのです。導く役、従う役、見つめる役等、どの役も全体のバランスにおいて重要な役割であることについても事後指導することが大切です。

2　集団文化の構築

授業は、物理的空間としての「教室」で行なわれるだけでなく、体育館や音楽室、グラウンドやリスニングルームなど、いろいろな場所で行なわれます。時には図書室でも行なわれます。また、修学旅行や遠足、地域に出かけて行なう聴き取り／観察調査などが行なわれる場合は、その場所が「教室」になります。教室の意味をこのように広げると、授業の基本に当たる教えと学びは、質の高い集団文化の構築過程を目指すものであることが理解できます。バスの車内で行なう説明、車内から見える外の風景に何を観察するか、観察しながら隣席の級友と何を話すか、活動や内容の一つひとつにどの程度高い集団であるかが反映されます。

教室を高い学びの集団にするには、学びの目標や具体的な方法が子どもに理解されていなければなりません。小学校入学以後の、毎日毎時の授業を通して、教員はこの点を自覚する必要があります。教員の地位／役割／権限という社会的統制手段にのみ頼るのでなく、子どもの興味／関心／探求意欲などを導き出す手法、それらを基礎に培う認知／思考／行動にこそ頼るべき術（すべ）を求めることが大切です。

必要な注意や教示／指示／説明／解釈などはきちんと行ないます。それらに耳を貸さずに授業の進行を妨げ、あるいは別行動をしている場合は、注意と、時には叱責も必要です。学びを目指す文化の構築が崩壊すれば授業自体が成立しなくなり、子ども達全体の学びの進行が質の低い内容に流されます。それが「学級崩壊」です。その意味で、学級経営、学習集団作りは、どの子どもにも自由と責任を自覚させて真剣に行なうべき活動です。

３　個別の子どもと学級文化との相互作用

とはいえ、子どもたちは個別のかけがえのない人格を持つ存在であり、それぞれに個性的です。この人格と個性を、学級が集団として受け止め受容する学級文化が必要です。それは教員が単独で決めて守らせるのでは社会的統制手段による方法と変わりません。かといって、１校時分の時間を費やす学級会を開いて皆で決めるという程度では、真に子どもたちの個性が生かされ、かつ学級としての質の高い行動文化が構築されるという保障には繋がりません。

学級会の開催や時には教員からの提案も大切ですが、より重要なのは、教室に問題を帯びた出来事が発生した時､それに対する適切な解決方法を、時宜を得て子どもたちと探ることです。例えば理科の実験場面で、家庭科の調理実習で、バスケットボールの練習で、国語の読後解釈の場面で、気を付けて観察すれば種々の問題が起きます。いつも同じ子どもが主役になる、調理の進行過程でうまく協力できない、ボールのシュートは何時もＡがする、読後解釈時にＢはずっと黙っている…など。こうした実態が継続するのであれば、仮にグループとしての出来上がりがうまくいったように見えても、学習内容が一人ひとりの子どもの内面に質の高い状態で溶け込んだとはいえないでしょう。

ではどうするか。指導時間が短くて教員は全体の進行を見届けるのがやっとかもしれませんが、例えばタイミングを見て「どの子もシュートが出来る練習を考えなさい」と指示すれば、子どもたちは新しい練習方法の必要性に気づきます。気づかないグループには教員が具体的に教示します。黙ったまま自分の解釈を口にしない子どもの場合、自信が無く、間違うことが不安なのかもしれません。どんな解釈でも､「それもそうだね」という言葉があれば、口にしやすくなります。ここでも教員の教示が必要です。「子どもの自発性」というのは、放置することではなく、適切な指示／教示／説明…を適宜行なってこそ生まれるものです。

第３節　認識の変容を促すために

1　認識の変容を促す課題／発問／方法

子どもに限らず、ひとは一般に、過去の体験で得た認知／認識方法を駆使して新しい情報を解釈しようとします。もし過去に習得した方法が効果的でなかったり、歪んでいたりすれば、今入手する情報の解釈にもズレや歪みが生じます。それを正すのが教育／学習です。その意味で、授業のポイントは「認識の変容」を促す知的作用にあります。また、学びのポイントは「妥当／正当／確かな認識」の獲得にあります。これは、認識の方法／内容／解釈すべてに該当します。

では、認識の変容を促す知的作用として、教員は子どもにどんな働きかけをすればよいでしょう。日本で培われた伝統的教員文化から見て、重要な働きかけとして、課題の提示（課題に気づかせること）／課題に迫るための発問（内容を意味解釈させる問い）／学びや調べ方や報告の仕方などの教示（何を目指して何を調べ、何をどのように報告するか理解させること）の３つをあげることが出来ると思います。

課題の提示／課題に気づかせることは授業の初めに特に重要です。授業は数時間を一区切りに「単元」として計画されます。単元ごとに目標が設定されますが、同時に毎時間の「本時の目標」も重要です。これを子ども全員に理解させる必要があります。板書したり、予め紙に書いて掲示したり、口頭でわかりやすく教示したりします。さらに、教員によっては、「この目標を達成するためにこの時間に行なう活動は次の３つです」と、学習活動を明示することがあります。これによって、子どもが、何のために何をするのかを鮮明にすることができるわけです。

発問は、本時の目標に接近するために子どもに考えさせる内容を問うことに意味があります。例えば、「太陽高度」の概念を教示した後、「太陽高度の高い日本の夏、日差しが部屋の奥まで届かないのは何故ですか？」と発問すると、夏と冬の太陽高度の違いと、同じ家屋を想定したいわば実験装置を念頭に、部屋に差し込む日差しの長さの関係を探る知的活動を始めることになります。「日差しは夏に短く、冬に長い」と暗記するのでは得られない知的活動／認識が可能になり、発展的には「太陽高度と屋根の温度」の差異にも仮説を立てることが出来るようになります。屋根に温水器を設置している家庭であれば、同じ快晴の6時間でも、夏と冬とでは水温に違いが生じることが理解できます。それは、知的活動を「夏は温度が高く、冬は低い」という常識のかなたに飛躍させる契機になります。その意味で、発問は、「クイズごっこ」と異なり、目標に接近するための熟考した内容を用意できるような訓練を教員に求めます。

調べ、意味を検討し、まとめ、報告する方法を具体的に教えることも教員の指導すべき内容です。教科書の使い方、地図帳や歴史年表の活用方法、索引の活用方法、英単語の覚え方、ノートの使用方法、観察記録の書き方などが一定水準に達しているか否かは子ども一人ひとりだけでなく、教室全体の質の高い学びの風土を創る上で重要です。

2　子ども相互の交流／理解／発見／啓発

小学校に入学後、数か月を経ずに子どもたちは学級や学年の友達を仲間として覚えます。遊び、当番などで一緒になり、班を共にし、座席が隣接し、必要な声かけをし、登下校で話す…など、いろいろな契機によって子どもたちは知り合います。これらは「小さな／ふとした交流」ですが、運動会のリレーチームになり、演劇の一団に参加し、給食や掃除当番になる場合、関係は一段と濃く深く緊密になります。ここに生まれるのが子ども同士の「地位／役割」です。

リレーや演劇の場合は、指導する教員の意向が関与し、誰が何番目の走者になるか、誰が何の役を演じるかは、リレーや演劇の出来栄えという目標によって子どもの地位／役割が組織的に決まることが多いでしょう。しかし、そうでない場合は、子ども同士の心理社会的関係構築過程を通して地位／役割が決まります。また、一度定着した地位／役割に時間の経過／

活動の成果による変動も生まれます。それでも、低学年の間は、何か混乱があれば教員や保護者など、大人の「出番」に委ねられることが多いでしょう。しかし、3～4年生になると、地位／役割を自分たちの仲間で決めることが多くなり、時には喧嘩など相応のトラブルも発生します。子どものグループダイナミックスは、身体的能力／学力／人気／寛容性や攻撃性などの心理的要素、公正さや学校文化との関係等の社会的要素が複雑に関わって展開します。この過程で大きな逸脱があると、排除／排斥などのいじめを疑わなければならない状態になります。こうした子どもたちの心理社会的背景は、教員が全体を統制する授業時に少しく現れることがあります。それが教員の統制枠を越えたとき起きるのが「学級崩壊」です。

この意味で、教員は子どもの実態と当該実態が生じる心理社会的背景に配慮する眼差しを持つ必要があります。そうした子ども理解に立ち、子どもたちが守るべき統制枠を逸脱することが予測される場合は、これを早期に発見／指導し、時には注意が必要です。筆者の経験ですが、子ども側に理不尽な行為があった場合は、その理不尽な点を明示した厳しい注意なら、子どもは教員に従います。また、学級にそうした行動文化を育んでいく必要があります。教員によるいわゆるご都合主義で注意した場合や、子どもが押し通そうとする理不尽な内容に迎合した場合、学年が進行するに連れ、子どもは教員を信頼しなくなり、反発します。

教員はこうした崩壊状態を招かないためにも、教師集団として日ごろから妥当な指導をきちんと行ない、ルール逸脱については小さな芽のうちに注意／指導する必要があります。子どもへの注意は、ルールに違反したことへの「罰」ではなく、当該ルールが必要な理由、ルールに従わない態度／行動が認められない理由、逆にルールに従い、習得すべき行動文化が持つ価値などについて考えさせる「啓発」として行なう方が有効です。

3　交流を通した子どもの自己認識

子どもは級友や教職員、学校に関わるその他の大人などとの交流を通して、多種多様な体験を重ねます。この体験の累積こそが、学齢期以後の暮らしや人生を構築／展開し、問題や課題に対応する諸能力の源と言えます。その意味で、長期にわたる不登校等には登校回復対応が必要です。

交流を通した体験の累積は、ではどんな仕組みで人生の問題／課題への対応能力を習得させるでしょう。

体験の多くは、自然環境はもとより、社会や集団のしくみ、社会環境と人間関係という「ひと環境」との間でよりたくさん展開します。仮に、算数の「九九」を記憶する時間を想定してみましょう。九九の学習は、文部科学省の学習指導要領において２年生の学習と定められています。７歳になったばかりの子ども、８歳が目前という子どもが同じ九九の暗記に臨みます。記憶の良い子もいれば、時間を要する子どももいます。学校の算数の時間だけでは十分な記憶に達しないことが分かると、「家でもやって来なさい」と宿題になります。保護者が世話をする家庭もあれば、それができない家庭もあります。教室で確かめ学習をする場合、しっかり覚えてきた子どもは「当ててほしい」ので競って挙手するでしょう。して来なかった子どもは逆にひっそり息をひそめるかもしれません。教員が九九のうまくできた「段」にシールを貼るなら、九の段迄すぐシールが満たされる子もいればなかなかシールをもらえない子も現れます。

「自分はできるんだ」と自己効力感を高める子が生まれる一方、「自分はだめなんだ」と自己効力感を失い、自信をなくする子どもも現れます。といって、教室の集団的状況で学習することがいけないわけではありません。ひとの暮らしには大人であれ子どもであれ、こうした優劣や出来／不出来等が常に付きまとうのです。問うべきは優劣や出来／不出来を子ども一人ひとりがどう受け止め、受容するかにあります。受容過程において過剰な競争心を煽れば、優越感や劣等感に敏感になります。勝つことも負けることもあり、うまくいくことも出来ないこともある、抱擁する態度を教員や保護者が示すか否かが問われることになります。また、多くの子どもは「明日はきちんと覚えてくる」と、今日の失敗を反省することもできます。

こうして、子どもは教室で体験するいろいろなできごとを通して、自分の現在の立ち位置を知り、努力目標に気づき、得意分野や不得意分野にも気づきます。学びの過程で、安心／不安、快／不快、好き／嫌いなどの情動も誘発されます。学年の進行につれ、級友に対する友情／共感／好感／親しみ／尊敬などと同時に嫌悪感／罪悪感／嫉妬などを抱く場合もあります。授業は、こうした心理的問題の展開を考慮して進める必要が生じます。重要なことは、子どもが自他を共に卑下することなく、ともに歩む仲間だという認識を深めることです。

第４節　子ども相互の関係改善と学習意欲

1　学習過程の共有

授業が目指すのは「認識の変容」です。子どもたちの過去の経験に基づく認知／認識の方法や、そこで得たさまざまな知見は大いに生かし活用すべきです。しかし、見方を変えると、必ずしも妥当ではない認知／認識もあります。その場合、授業によって子どもたちがそれに気づき、認識の変容を目指すことが求められます。自然科学的内容／実際的技術的内容であっても、新たな見解が加わることがあります。人文／社会科学的な内容の場合はその頻度はさらに高くなると思われます。また、健康に関する内容も見解に時代差が現れます。その意味で、授業は認識の変容に関わる教育活動ですが、授業を行なう教員自身に、「今教える内容に別な見解が加わることもある」という柔軟な知的態度が求められます。

こうした前提に立ち、子どもの学習意欲向上のしくみを探ってみましょう。繰り返す分もありますが、基本は学習目標／学習内容／学習課題／学習方法が教室の全員に理解／共有されており、実施過程において教員の提示／教示／手順等に従って学習が進行することにあります。この進行には教員／子どもがともに学習過程を共有する自覚が必要です。その全容を調整するカギとして相応しいのは、教員が持つ「統制権限」という構造的地位／役割よりも教員／子ども間に構築された「信頼／受容」という対人（人格）的地位／役割であることは言うまでもありません。ただ、子どもの過去経験において、統制権限でないと従わない子どもがいることもあり得ます。その場合は最小限の統制権限を活用しながら、並行して信頼／受容による行動文化を活用することが求められます。

子どもたちは、学習目標／学習内容／学習課題／学習方法を共有し、教員の提示／教示／手順等に従って学習が進行し、その成果としての認識の変容が生じ始めると、予想を超える感性が生まれ、明朗な表情が示されます。この変化は数量的測定ができないので「非科学的」とされることもありますが、近未来には、こうした側面を測定することが可能になるにちがいありません。それはさておき、学習過程を子どもたちが共有する状況は、学習を深化／拡大し、新たな気づきを子ども一人ひりに実現する基盤になります。そうなった時、教員は、子どもに「既知の知識の教え人」ではなく、「未知への案内人」になります。授業の醍醐味はこの点にあるというも過言ではありません。

2　学習成果と達成感の共有

子どもに対して教員が「未知への案内人」になることが出来る状況が生まれると、学習成果は次々と拡大します。音楽の授業で深めた思考が算数／数学や社会の授業に活かされることがあります。教育の世界では「転移」と言われますが、転移が発生する仕組みとして、二つの可能性があると思われます。一つは、例えば音楽の授業で深めた思考から、「思考／考察／視点／技術」などの「知的転移」を算数や社会にも応用できることに気づくことです。「知的転移」と言えるかもしれません。例えば、「mf（メゾフォルテ）」や「crescendo（クレッシェンド）」など音楽上の記号の意味が分かると、人口の増減や輸出入額の推移などの表現について「微増傾向」「急激な増大化」などが重なってくることがあります。もちろん、両者はそれぞれの学的世界で固有の意味を持ちますが、地質学上の「地層」概念が社会学上の「社会階層」概念を導いたのではないかと言われるのと似ています。いずれの場合も、「転移」の発生は、思考／考察の深化／拡大によります。

さて、もう一つは、授業が深まると、どの子どもにも「理解した喜び」が湧き起こり、他の類似の授業にもその喜びを実現しようとする意欲が生じることです。「感情の転移」と言えるかもしれません。

こうした知的転移・感情の転移が次々に生まれるようになると、教室は、子ども同士による集団的達成感に満ちてきます。恒常的に学びの意欲を持ち、探求し、論じ合い、暫定的結論を共有し、次の探求に向かうサイクルを育みます。

例えば小学生に写生の課題を出す場合です。「校庭から見える範囲で絵を描きなさい」という教示だけでは、子どもたちは「何を描こうか？」という点にだけ思考を焦点化するでしょう。「描いてみたいと思うものを見つけよう」を付け加えれば、子どもは自分の意欲と描く対象とを結びつけるでしょう。さらに「どんな様子や状態を描きたいのかな？」と発問すれば、「見事な姿の満開の桜」、「しっかりした杉の幹の様子」「赤い屋根の下で楽しそうに遊戯をする幼稚園の子ども達」などがそれぞれ胸中に湧き出します。「満開」「しっかりした幹」「楽しそうな遊戯」を「どの位置に、どの大きさで、どんな形で、どんな色で……描く（表現する）かな？」と付け加えれば、子どもたちは画用紙／鉛筆／描こうとする対象／表現する自分、のすべてを調整して描画に立ち向かうに違いありません。子どものその姿は単に「絵を描く」という活動に尽きず、「内面に描きたい内容のある描画」に打ち込む密度の濃い活動になります。

こうして、絵が生まれ、合唱や合奏が行なわれ、体育祭が挙行され、文学教材の読みを深めた図書利用が進むと、「図書の貸し出しで、１位は△さん、○冊でした」というような校内放送の内容が変わってきます。学級全体で、あるいは学校全体で達成感を共有する形が生まれてくるからです。

３　達成感の共有と学習意欲

一般に目標達成はひとの心に満足／自信をもたらし、達成感を高揚させます。それはさらに、子どもたち一人ひとりに自己効力感を高め、「何かできそうだ」「取りかかったら成功する」と感知する意欲を高めます。

学習意欲の根源はこの自己効力感にあると思われます。学級全体が学習意欲の向上に向かうには、どの子どもにも自己効力感を高める必要があります。では、それはどのように実現できるでしょうか。

重要な点は、達成感が全成員に共有されることです。一人二人の突出した子どものみ達成感を持つ場合、学級や学校の一時的な活況はありますが、永続しないことが大半です。全成員が達成感を持つには、達成した目標が、全成員の一つひとつの分担した役割の総合として成立することを子ども全員が理解する状況を教員が作ることです。これは例えば野球のルールを見るとよく解ります。

野球には、確かに投手／捕手という突出したポジションがあります。また、ホームランバッターなどのニックネームを持つ突出した選手がいることもあります。しかし、試合の運びを丁寧に観察すると、こうした「実力者」以外の他のメンバー、控えの選手を含む多数メンバーのきめ細かな小さな協力（役割遂行）が無ければ、あるいはそれらに齟齬／すれ違いがあったら、試合は決して順調には展開しないことに気づきます。それが解るから選手たちは、敢えてアウトを承知でスクイズに出たり犠牲打でアウトになったりもするのです。けっして「己の英雄ぶり」だけを演じるのでない様子がよく解ります。

教室にこうした風土が構築されると、学級の授業の成果は全員のチームプレーによる成果として感知され、どの子どもも自分の持ち分に全力を尽くします。野球に例えれば、現れた成果は、ホームランを打った選手も、塁を進めるために、あえてスクイズしてアウトになった選手もともに喜びあえるわけです。それは更に学級全体の学習意欲を向上させます。

教室はこのように生きた集団です。集団力学が作用し、ひとの親密感／疎外感などの心理的性質が関与し、強いて言えば、そこがどの子どもにとっても誰か相手のために自分も一役行なう仕事（役割）が待っている「居場所」になり、そうでない場合は「針のむしろ」にもなります。どちらにするかは、教員／子ども／保護者／学校全体の組織などがカギを握っています。

第５節　社会資源を活用する授業

1　学級／学校内外の社会資源の活用

授業は通常、一人の教員が多数の子どもと教え／学びを共にする活動として進行します。しかし、授業内容や効果などの点から、場合によってはこの形を変更する授業も行なわれることがあります。複数学年にまたがる「複式授業」、高校や大学などで採用されることのある「通信制授業」、重い障碍のある子どもなどと行なう「訪問授業」、入院中の子どもと行なう「院内授業」等があります。教室の外に出て行なう「屋外授業」や「校外授業」等もあります。こうしたいわば臨機応変の他に、教員以外の人や機関等の「社会資源」を活用して行なう授業もあります。どんな授業であれ、その基本を支えるのは担当教員です。担当教員の意思と判断で、どんな授業形態にするか、どんな社会資源を活用するかが決まります。

例えば「牛乳を出荷する酪農家の１日」を教材にする場合、教員が教科書や若干の図書資料を準備するだけで授業をするより、当該農家の方を招くことが出来ればもっと現実味を実感できる授業になりそうです。早朝の搾乳、盆や正月にも休めない作業のカバーをどのようにしているかなど、実際の農家の方でなければ分からない面を知ることが出来ます。しかし、それには事前の綿密な打ち合わせが必要になり、教員の負担が大きいのも確かです。そこで、子どもたちを農家に連れて行き「現地学習」する方法も考えられます。現地学習の最も典型的な事例は修学旅行と遠足です。子どもとしては楽しみの内に数えるかもしれませんが、教員は組織的に事前の調査を含め綿密な計画を練って行ないます。

校内資源の活用は、校外の資源を活用するよりは事前準備の負担が軽く済むと思います。それには普段から教職員間に相互に社会資源になることについての了解、心の習慣が必要です。近時、全国的に外国語の授業にネイティブ外国人教員が関わっていますが、これと類似した状況を教職員間に作る努力が求められます。教職員同士が相互に協力し合う姿勢は、教え／学びの内容を豊かにするだけでなく、隠れたカリキュラム効果として、ひとが互いに持っている能力を出し合って目的を達成することの大切さを子どもたちに実感させる上でも深い意味があります。校外資源を活用する場合、その効果は倍加される可能性があります。

この意味で、年間学校事業に、医師／歯科医師による定期検診、避難訓練、安全指導、学校内外の美化活動などがあるのを活用して、医師／歯科医師／消防職員／警察官／地域住民などを適宜、短時間でも社会資源として活用する効果は大きいと思われます。

２　学校内外の体験の活用

子どもたちの日常的体験、特別な体験なども授業時に活用する意味があります。この場合、本人の、場合によっては保護者の事前の同意を得る必要が生じる内容もありますが、体験を想起させて行なう授業には現実味が付随します。例えば「月の満ち欠け」「時間帯による交通量の変化」「季節の花」「梅雨末期の大雨」「冬の路面凍結」など、数え上げればきりがありません。教員が機転を利かせれば､これらの体験は各教科の教材を補う「補助教材」として活用することが出来ます。活用に当たって、普段は授業活動が不活発になりがちな子どもに補助教材になる話題を提供するように手立てをすれば、当該の子どもの授業参加意欲の向上にもつながります。

家族の入院、親族の他界、海外旅行、代表として県大会参加、転校、幼い弟妹の誕生など、特別な体験を聴くことが出来る状況が整えば、それは大きな補助教材になります。場合によっては、仲間外れにされたり、意地悪をされたりした場合も、状況の調整によっては生きた教材になります。ただ、こうした体験の場合、事後指導も重要です。軽く扱うことなく、誠実に考え、探求する授業にすれば、体験を提供した子どもの発達上の効果も生じます。

体験の活用は、教職員によるもの、地域の住民によるものなど、さらにその提供者の範囲を拡大することができます。どんな体験が、何を学習する上で提供して欲しいのかをきちんと伝え、相手方の了解を得ることが大切です。体験を聴く子ども側に立った場合、それは「追体験」を豊かにします。語る相手の体験に共感し、自分のことと類似した内容を聞きとれれば、次に記す「情報資源」を増大し、自然／社会／人と、その関係や変動を理解することに大きな役割を果たします。追体験を含め、体験が乏しい場合、自然／社会／人と共感する活動も一般に乏しくなりがちです。例えば、気象異変による風水害や雪害が報道されても、体験が乏しければ何らの関心も生まれないでしょう。したがって被災者への「大変だったであろう」という共感も生じません。若干は生じても、「自分には関係ない」こととして片づけられるでしょう。しかし、豊かな体験者の場合はこれとは異なります。災害、被災、被災者や被災家族が直面する現状、それらに対する社会的救済措置や将来の救済制度の構築など、年齢にもよりますが、短い時間のうちに共感／関心が生まれ、当該時点の年齢や社会的立場に応じた「自分の役割」を探求し感知することになります。小学生／中学生の中から「被災者支援カンパ活動」が生まれる場合もあります。被災地に手紙を届けたり、長期休暇に見舞ったり…などの活動を行なう子どもたちも少なからずいます。そうした活動が過度な極端な性質を帯びる場合は大人による調整が必要かも知れませんが、何も感知せず、何らのソーシャルアクションもない子どものままで過ごすよりも発達上は深い意味があります。

3　情報資源の活用

授業には必要な多様な情報資源を活用することが期待されます。情報は不要な分まで用意することはありませんが、指導内容を深める上で情報が豊かであることは必要条件です。

例えば「交通網の発達」について指導する場合、教科書や地図帳に１枚物の資料として載る情報だけでなく、明治中頃、昭和初期、現在などの時間軸から推測が可能な資料があれば理解は一層深まります。映像資料が活用されれば理解がさらに広がります。学校における情報の中心は、一般に図書室（館）です。他に「社会科資料室」を持つ学校もあります。理科や音楽／美術関係の場合はそれら特別教室の壁面や棚に若干の資料が情報源として整備されていることがあります。さらに、注意して探せば、行政機関や一般業者などから送付される掲示物にも資料性に富んだ価値ある情報が載っていることがあります。子どもたちに掲示物を読む習慣を育てれば、それだけ子どもたちの情報は広がります。

今日、「情報化社会」の名のもとに、私たちは情報にあふれた暮らしの展開を予期しているかも知れませんが、若い層において、価値ある必要な情報が十分でない人達が沢山いるように思われます。また、例えば「コロナワクチンを接種すると妊娠できなくなるそうだ！」などのデマまがいの情報を習得する若年層も相応にいることが分かってきています。正確で価値ある情報の受容が出来る能力を獲得しているかどうかが厳しく問われているのです。この能力を獲得するか否かも、正していけば学齢期の教え／学びの過程が問われる問題です。

参考・引用・紹介文献

市川伸一（2001）．学ぶ意欲の心理学，PHP研究所
岸本裕史（1994）．見える学力，大月書店
教育技術研究（1993）．教育の方法と技術，ぎょうせい
斎藤喜博ほか編（1976）．教授学研究７，国土社
佐藤　学（2004）．教師たちの挑戦，小学館
滝　充（2000）．ピア・サポートではじめる学校づくり，金子書房
松本良夫・河上婦志子編著（1994）．逆風のなかの教師たち，東洋館出版社

第10章　学習指導案の作成

―手順と実際―

学習指導案は、指導目標や内容、指導方法や手順、評価の視点などを事前に予定／計画した一連の内容一覧を指します。「授業案」とも言われますが､児童生徒の立場から見れば､学習を支援する「指導案」になります。

指導案を作成するのは、どんな目標や内容を、どんな方法や手順に即して指導することが子どもの学習効果を高めるかについて、事前に思索／検討し、適切に事後評価するためです。指導案には、こうした目的や方法などが適切に記される必要があります。二～三の科目に探ります。

第１節　小学校「算数」の場合

1　小学校「算数」の目標

小学校学習指導要領（平成29年告示）によれば､小学校「算数」の目標は、①数学的な見方・考え方を働かせ、②数学的活動を通して、数学的に考える資質・能力を育成することにあります。そのために、次のような方法を取るよう記されます。

(1)　数量や図形などについての基礎的・基本的な概念や性質などを理解させ、日常事象を数理的に処理する技術を身に付けさせる。

(2)　日常事象を数理的にとらえ、見直し、筋道を立てて考察する力、基礎的・基本的な数量や図形に性質をなどを見いだし、総合的・発展的に考察する力、数学的な表現を用いて事象を簡潔・明瞭・的確に表したり、目的に応じて柔軟に表したりする力を養う。

(3)　数学的活動の楽しさや数学の良さに気づき、学習を振り返ってよりよく問題解決しようとする態度、算数で学んだことを生活や学習に活用しようとする態度を養う。

2　中学校「数学」との関係

「算数」の発展的内容は、中学校では「数学」になります。算数が日常生活で具体的に直面する課題に対する数的・図形的処理能力を習得することを目指すとすれば、数学は、数や図形の理論を学習することが目標になります。とは言え、算数の理解は数学の理解を深める上で重要です。そこで、算数の指導において、教員は、中学以後における数学の展開を認識する必要があります。また、中学校数学担当教員は、小学校の算数の実際を認識する必要があります。

3　数式と図形の扱い

数の大きさ、四則演算、それらを活用した問題の解き方など、数式の扱いにおいて、教員には子どもの理解に関する十分な配慮が必要です。数の大きさについては、整数、小数、分数の表現の違いと、違いを越えた大小の比較、実際の計算ができるよう、概念理解と計算技術の習得が問われます。図形の場合、掌や指先を使い、紙に描き、切り取って裏返すなど、体全体で形の概念を掴むことが大切です。

4　第４学年「分数の大きさと足し算、引き算」の指導

分数の初歩的内容については３年時に学習しています。ただ、分数は子どもの日常的生活場面で体験することが少ない内容です。分数の必要が生じる体験を沢山想起し、分子、分母の意味を十分理解し、整数との比較を通して分数の大きさを理解させた上で、計算ができるように導きます。

………………………… **算数学習指導案** …………………………

○年△月◇日□校時
△△小学校4年□組
指導者　大分豊一

1　単 元 名　：「分数の大きさと足し算、引き算」

2　単元設定理由：児童の日常生活で、ケーキや画用紙を均等に分ける活動があります。元のケーキや画用紙の大きさを「1つ」とすれば、3つに分けた場合、分けた一切れの大きさは「1/3」になります。画用紙が5枚あり、3人に均等に分ける場合は、元の大きさが5、分けた一人分は「5/3」になります。元の大きさ、分ける数の大きさ、その結果を概念化することが出来れば、同分母の分数の加法／減法が出来るようになります。また、真分数、仮分数、帯分数などの意味を理解し、整数や少数との大きさの比較もできることがわかり、数のしくみ、成り立ちに新たな興味を持たせることが出来ます。こうした分数の意味・仕組みを理解することは、数の大きさについて発展的にとらえる視点を与えることになります。

3　単元目標：分数の意味を理解し、同分母の分数の大きさが比較でき、分数の足し算、引き算ができるようにします。

4　指導計画：第一次…分数の意味を「数の大きさ」「数直線上の位置」などから理解します…2時間
第二次…仮分数、帯分数の意味を理解し、大きさを比較する方法を理解します…2時間（本時1/2）
第三次…同分母の分数について、足し算、引き算の方法を理解します …2時間

5　授業及び指導観：3年時の学習から、分数にも「大きさ」があること、計算ができることを予想させ、分数に一層の興味を持たせます。理解が不十分な子どもには、ここで復習するよう注意を喚起します。

6　児童観：整数はわかるが分数はよく解らない子どもに、分数が実際に使われ、使っている場面を想起させ、苦手／不得意意識を軽減するよう、数字だけでなく、図形、実物なども活用する。

7　単元の評価基準：分数への関心／意欲／態度…日常生活で体験する分数に注目する。分数に関する思考／判断／表現…真分数、仮分数、帯分

数が現れる場合を理解し、仮分数と帯分数の書き換えができる。分数を数直線上に示して大きさの比較ができる。
同分母の真分数、仮分数、帯分数について足し算、引き算が出来る

8　本時の指導過程（案）

(1)　目標：仮分数、帯分数について真分数と関係づけて理解させる

(2)　展開

時間	児童の学習活動	指導内容／指導	資料	留意点
導入 ５分	・前時の学習を想起 ・分数の意味を復習	・前時の学習内容を思い出させる	・ノート ・教科書	・集中
展開 35分	・12/5を帯分数にする方法を考える ・黒板添付資料を見、方法を隣席と相談 ・５／５になる！ ・それ「１」だよ！ ・もう１つ5/5がある ・残りは1/5が２つ ・２つと2/5ってこと ・２と2/5になります	・仮分数の意味を教え、別な表し方にするには？と問う ・分けた用紙をこうして集めると？… ・残りは？ ・5/5が２つ… ・つまりどういうことになるのかな？ ・$2\frac{2}{5}$と表します	・画用紙３枚 ・1/5に分けた用紙12枚 ・5/5になる分を画用紙の下に貼付	ゆっくり ・教科書確認
まとめ ５分	・仮分数、帯分数の意味を理解する ・仮分数、帯分数の相互変換ができる	・仮分数、帯分数の意味を確認する ・相互に変換する方法を確認する		・教科書の説明を読む ・丁寧に

第２節　中学校「社会」（地理的分野）の場合

1　中学校「社会」の歩み

日本の学校の仕組み（学校制度）では、1947（昭和22）年度まで、現在の中学校に相当する学校は小学校高等科（高等小学校）と呼ばれていまし

た。そこでは､「社会科」に相当する教科は「終身」「公民」「地理」「歴史」として指導されています。1945（昭和20）年の終／敗戦を機に、連合軍総司令部（ＧＨＱ）の指揮／指導の下、1947（昭和22）年から地理、歴史を廃し、新たに社会科を設けます。学校制度も高等科／高等小学校を廃し、３年制／義務制の中学校を設置します。

社会科の目標には、米国ヴァージニア州の教育課程が影響したといわれます。国家を構築する「国民」の育成よりもむしろ近代市民社会を構築する「市民」の育成を主な目的に掲げたところに歴史的意味があります。そこには、国家主義が戦争を招いた反省、平和を永続するには民主主義を正しく理解し、自由／自主／責任などの市民的自覚を高め、そのために必要な社会的認識力を向上させようとする意図があります。こうした意図を学校や学年別に具体化したのが「学習指導要領」です。

２　学習指導要領における中学校「社会」の位置づけ

では、中学校の社会科は、学習指導要領においてどのように取り扱われてきたでしょうか。社会科については、小学校でどう取り扱うかに関する説明が基調になります。

1947年の学習指導要領は社会科の任務を、社会生活を理解させ、その進展に力を致す態度や能力を養成すること、とします。具体的には「青少年の社会的経験を、もっと豊かに、深いものに発展させていこうとしています。

学習指導要領は、以後、今日まで10回ほど改訂されますが、この基本理念を受け継いでいます。現行の学習指導要領は2020（令和２）年に改訂されたものです。社会科の目標は「社会的な見方・考え方を働かせ，課題を追及したり解決したりする活動を通して，広い視野に立ち，グローバル化する国際社会に主体的に生きる平和で民主的な国家及び社会の形成者に必要な公民としての資質・能力の基礎を…育成することを目指す」こととされます（文部科学省，2018)。

3　中学校「社会（地理的分野）」の指導

1947（昭和22）年の学習指導要領で、社会科の目標として示される15項目から地理的内容を取り出せば、「六　世界の自然的環境及び文化は、地域によってさまざまに異なるものであること、並びに各地の人間生活は、その文化的条件のもとに自然に適応しながら営まれていることを理解させること」「七　各地域・各階層・各職域の人々の生活の特質を理解させ、国内融和と国際親善に貢献する素地を養うこと」「八　各地の資源・自然美及び人工美の価値を知って、これを愛護するとともに、進んでこれを開発し、創造する能力を養うこと」の３つが示されます。

戦後的状況からの経済的社会的復興、高度経済成長、経済の安定ないし停滞、国際間の緊張や親善、環境や人権に関する課題の興隆など、家族／地域／国家／国際社会の変動の下、現行学習指導要領は、地理的分野の目標を「社会的現象の地理的な見方・考え方を働かせ、」と記し、以下、社会科全体の目標に準じるよう提示し、その上で、「A　世界と日本の地域構成」「B　世界の様々な地域」「C　日本の様々な地域」を指導するよう提示します。

4　中学校「社会（地理的分野）」学習指導案

毎時の学習指導案は、以上を前提に、生徒や学校が設置される地域の実情などを加味し、社会科地理的分野が目指す目標に即して立案します。

指導案に盛り込む内容は、特に決められてはいません。ただ、授業を進める際の道標としての指導案ですから、その目的／機能／役割から推察して、次のような内容が必要な内容と考えられます。先ず日時、場所、学年と組、単元、単元設定理由、単元目標、指導計画、授業及び指導観、児童生徒観、本時の課題（題目）、本時の目標、本時の評価基準、本時の学習指導（過程）案などがそれです。これらの内から、本時の必要に応じて選択し立案することになります。

例えば、「九州地方～自然環境の特性と人々の営み」を単元として指導案を作成してみましょう。

…………………… 社会科地理的分野学習指導案 ……………………

○年△月◇日□校時
△△中学校◇年□組
指導者　豊後花美

1　単 元 名　：「九州地方～自然環境の特性と人々の営み」

2　単元設定理由：生徒に身近な生活の舞台、九州地方について、自然環境の特性をいろいろな資料から理解し、そこに展開する様々な産業を、自然と関わる人々の営みとして理解する力を養う。これは、国際的視野に立って人々の生産活動と環境保全の在り方について考える視野を広げる上で重要な学習内容である。

3　単元目標：九州地方を教材に、諸資料を活用して、産業／交通／都市人口の推移などから、人々の営みを広い視点から理解することが出来る。

4　指導計画：第一次…九州の位置と地勢、気候を学ぶ…２時間（本時2/2)
第二次…農業／鉱工業／交通網／都市から産業を学ぶ…２時間
第三次…九州の自然と人々の営みを地図に表す ……２時間

5　授業及び指導観：授業に際し、東西南北ともに広域にわたる経度／緯度、山岳／平野、海洋／島嶼、河川／谷／盆地、季節による雨量／気圧配置などに関心を高める資料を準備する。その活用にも注意させる。

6　生徒観：小学校の学習で概要は理解しているが、根拠になる資料の活用に慣れさせたい。アジア各国に近い位置にあり、かつ、国内では首都圏から遠い位置にあるなど、複眼的視野を持たせたい。

7　単元の評価基準：社会的事象への関心／意欲／態度…自然環境と人の営みに注目する。 社会的な思考／判断／表現…地勢や気候と産業との関係を考える。資料活用の技能…資料が持つ情報を正確／精確に読み取る。社会的事象に関する知識／理解…自然／産業／交通が相互関係にある

8　本時の指導過程（案）

⑴　目標：九州の気候／気象の特徴と産業の特色の関係を考察する

⑵　展開

時間	生徒の学習活動	指導内容／指導	資料	留意点
導入 5分	・前時の学習を想起 ・ノートを参照し発表	・前時の学習ノートを見て要約させる	・ノート	・集中
展開 40分	・気候資料に特徴を探り、メモして発表 ・特徴を産み出す要因を地勢資料から検討し、隣席と話し合う ・気候と産業の関係を教科書／地図帳で確認	・資料を提示し、気候の特徴を問う ・多様な視点を示唆 ・この特徴が生まれる理由を問う ・気候の特徴が産業に与える影響は？ ・資料探索を教示	・気候資料 ・気象資料 ・地図帳 ・教科書	・正確 ・精確 ・対話 ・思考 ・精読
まとめ 5分	・気候／気象と緯度／経度、地勢関係を整理	・緯度／経度や地勢と気候／気象を問う	・ワークシート	・集中

第3節　中学校「道徳」の場合

1　道徳教育の歩み

本書第3章第1節を参照して下さい。

2　学校教育における道徳の位置づけ

本書第3章第2節を参照して下さい。

3　道徳科の指導案

道徳科学習指導案

○年△月◇日□校時
△△中学校◇年□組
指導者　豊後花美

1　主題名 「人間の力を超えたもの」について考えよう
2　主題設定の理由
①　主題観
本授業の主題は、学習指導要領の内容「D 主として生命や自然、崇高なものとの関わりに関すること」の「美しいものや気高いものに感動する心をもち、人間の力を超えたものに対する畏敬の念を深めること」である。その中でも、「人間の力を超えたもの」を中心的に扱う。日常生活の中で、「人間の力を超えたもの」を意識することは少ない。しかし、「人間としての自己の在り方を深く探求するとき、人間は様々な意味で有限なものであり、自然の中で生かされていることを自覚することができる。この自覚とともに、人間の力を超えたものを素直に感じ取る心が深まり、これに対する畏敬の念が芽生えてくるであろう」(文部科学省　2018：66)と言われる。この点で、「人間の力を超えたもの」を生徒に意識させるのは意義がある。「人間の力を超えたもの」からは、宗教的存在が思い起こされることが多い。しかし、教育基本法第15条第2項で公立学校の宗教教育は禁止されている。したがって、特定の宗教的存在を教師の側から教え込むことなく、一人ひとりの生徒にとって「人間の力を超えたもの」を自覚できるような授業構成とする。
②　生徒観
これまでの道徳科の授業で道徳について自分の意見を発表できる生徒が多い。またクラスとして友人の意見をしっかりと聞くことができる。しかし、自分の意見をクラス全体に発表するのが苦手な生徒もいる。「人間の力を超えたもの」については初めて扱うテーマである。したがって、発問に工夫を凝らし、教師の側から積極的に指名し発問に対する答えを引き出すように配慮したい。
③　指導観
「人間の力を超えたもの」について特定の考えを提示するのではなく、一

人ひとりの生徒が話し合って、感じ、考える授業にしたい。そのために、グループ学習にて授業を進める。まず、金子みすゞの詩を読ませ、世界には「見えないもの」があることを説明する。次いで、George Winstonの曲を聞かせ、「美しさ」という「見えないもの」がこの曲を書かせたことを述べる。そして、「美しさ」や「美しいもの」を創造した「人間の力を超えたもの」について、それが何であるのか、一人ひとりの生徒に考えさせる。最後に、「人間の力を超えたもの」が「畏敬」の対象となることを示唆する。

3　教材

・金子みすゞ「星とタンポポ」『みすゞ詩画集　花』、春陽堂書店、2000年
・George Winston「moon」『AUTUMN』、Windham Hill Records、1980年
・花
・レイチェル・カーソン（上遠恵子訳）『センス・オブ・ワンダー』、新潮社、1996年
・ワークシート（「人間の力を超えたもの」について考えよう）

4　本時の目標

①　世界には「目に見えないの」があることに気づく。
②　「目に見えないもの」の一つが「美しさ」であることを理解する。
③　自分なりに「人間の力を超えたもの」が何か考える。
④　「人間の力を超えたもの」に対する「畏敬」の関係を理解する。

5　本時案

		学習活動	指導上の留意点	評価
導入	7分	・「星とタンポポ」を読む。	・金子みすゞ「星とたんぽぽ」を指名して読ませる。 「見えぬけれどもあるんだよ、見えぬものでもあるんだよ」の部分に関連付けて、本時の主題は「人間の力を超えたもの」であることを説明する。	・世界には「目に見えないもの」があることに気づくことができたか。

		学習活動	指導上の留意点	評価
展開	33分	・曲の感想をワークシートに記入する。 ・曲の題名を考える。 ・この曲を書かせたものは何か考える。指名された生徒は発表する。 ・花の美しさが月の美しさと同じかどうか考える。	・「moon」(George Winston)をながし(3分)、曲の感想を書かせる。 ・グループで曲の名前を話し合って決めさせ(3分)、各グループの一人に発表させる。 ・曲名が「moon」(月)であることを述べ、「何がGeorge Winstonにこの曲を書かせたのか」と発問する。 ・生徒の意見を総括し、George Winstonにこの曲を書かせたのは月の「美しさ」であると述べる。そして、「美しさ」は「人間の力を超えた」普遍的なものであり、これはプラトンがイデア呼んだことを述べる。 ・花を見せ、この花の美しさと月の美しさは同じか違うかを発問する。 ・プラトンによれば月の美しさと花の美しさは同じであると述べる。 ・花の美しさも、月の美しさも人間の力を超えたものであることを説明する。また、花も月も人間の力を超えたものが創造したことを述べる。	・美しさが人間の力を超えたものであると理解できたか。

		学習活動	指導上の留意点	評価
展開	33分	・美しさを作った人間の力を超えたものは何であるかを、理由をあげて話し合う。自分の意見をワークシートに記入する。	・「『美しさ』を作った人間の力を超えたものとは何であるか」と発問する。それを、理由をあげて話し合わせる（6分）。各班1人ずつの生徒を指名し「人間の力を超えたもの」が何か答えさる。	・自分なりに人間の力を超えたものとは何にかについて意見をもてたか。
まとめ	10分	朗読を聞く。 ・授業の感想をワークシートに記入する。	・レイチェル・カーソン『センス・オブ・ワンダー』を朗読する。「人間を超えた存在を認識し、おそれ驚嘆する感性」には、「人生に飽きて疲れたり、孤独にさいなまれることはけっしてない」（p.50）のであり、「内面的な満足感と生きていることへの新たなよろこびに通じる小道を見つけ出す」（p.50）ことを説明する。その意味で「人間の力を超えたものは」、「畏敬」の対象になるものもあることを述べる。	・「人間の力を超えたもの」に対する「畏敬」の関係を意識できたか。

第４節　高等学校「商業」の場合

1　高等学校「商業」の歩み

一般的に商業教育は、平和で自由な経済活動の下、発展していきます。しかしそれらが制限された太平洋戦争当時、商業学校の多くは戦争の影響により工業学校や農業学校等に転換していました。それが戦後になってからまもなく、商業学校は卒業生や地域、経済界などの後押しなどもあって、復活することになります。

戦争が終わってからまもなくの1947（昭和22）年、新たに学校教育法が公布され、これまでの商業学校は1948（昭和23）年から新制高等学校として後期中等教育段階に位置づけられることになりました。

それから1950（昭和25）年に戦後初めて高等学校「商業」の学習指導要領が示されました。高等学校学習指導要領商業科編（試案）（以下、試案）です。ここで示された商業科目は14科目でした。ただし、この試案は現場の教員が指導する際に参考となるように書かれたものであり、強制されるものではありませんでした。

その後、時代の進展にともなって学習指導要領の改訂が定期的に行なわれています。商業教育も改訂の都度指導内容の見直しが行なわれ、改善を図りながら現在に至っています。

2　学習指導要領における高等学校「商業」の位置づけ

高等学校「商業」における教育目標は、試案で示された以下の一般目標が土台となっています（文部省、1951：1-3)。

1．商業が経済生活において、どのような機能を果しているかについて理解する。
2．商業に関する基礎的な知識・技能を習得して、経済生活を合理的に営むために役だてる。

3．商業を自己の職業とする者にとって必要な、知識・技能を身につけ、商業を合理的・能率的に運営する能力を養う。

4．正しい、好ましい経営の態度・習慣を養い、国民の経済生活の向上に貢献するように努める心構えを養う。

5．商業経済社会の新しい状態に適応したり、さらに、いっそう発展した研究をしたりするために必要な基礎を養い、将来の進展に役だつ能力を身につける。

「商業教育は実学である」といわれています（日本商業教育学会、2019：8）。商業は農業や工業などと同じように職業に関連する科目ですので、学習指導要領が示された当初から、商業に関連する職業に従事するうえで必要な資質・能力を育み、社会や産業を支える人材育成を教育の主目的のひとつとしています。現行の学習指導要領においても商業科で育成を目指す人材像として教科の目標の中で「ビジネスを通じ、地域産業をはじめ経済社会の健全で持続的な発展を担う職業人として必要な資質・能力」を育成すること掲げています（文部科学省、2019：14）。

3　高等学校「商業」における「簿記」の指導

現行の高等学校学習指導要領において、商業科の科目は全20科目で構成されています。商業科の科目のうち「ビジネス基礎」と「ビジネス・コミュニケーション」を教科の基礎的科目、「課題研究」と「総合実践」を総合的科目としています。またこれら以外の16科目を４つの分野に分類し、各分野にそれぞれ位置づけています。マーケティング分野（３科目）、マネジメント分野（３科目）、会計分野（５科目）、ビジネス情報分野（５科目）です。なお、商業に関する学科では、「ビジネス基礎」と「課題研究」の２科目を原則履修科目としています（文部科学省、2019：17－18）。

会計分野の科目は「簿記」、「財務会計Ⅰ」、「財務会計Ⅱ」、「原価計算」、「管理会計」です。ここではこれら会計分野の科目のうち、基礎・基本的科目である「簿記」の指導について述べていきます。「簿記」は試案公表当初から現在に至るまで、一貫して商業科目の中心を構成してきた科目であり、もっとも商業科の特色を示す科目の１つです。そして現在でも多くの商業高校で「簿記」の授業が行なわれています。

「簿記」の指導については、試案の中で学習指導上の要点を次のように示しています（文部省、1951：109）。

> 「２．この科目の学習には、理論の理解と技術の錬磨との両方が必要である。高等学校の段階においては、むしろ、理論よりも技術の方が重要とされることが適当であろう。したがって学習にあたっては、記帳練習を中心として行くのがよい。特に、初歩の基本的部分については、このことがたいせつである。
>
> この科目は実務性の濃厚な科目であるから、学校で習得した知識や技能が、実務について、活用できるように学習されなければならない。したがって、この科目の指導にあたっては、常に、実務に役だつように研究し、くふうすることが必要である」

ここで示されている学習指導上の要点は、現在の「簿記」の指導においても意識しておかなければならない重要な視点です。なぜなら、簿記の基本的な技術や性質は不易だからです。現行の学習指導要領においても「簿記」の科目目標のひとつに「簿記について実務に即して体系的・系統的に理解するとともに、関連する技術を身に付けるようにする」（文部科学省、2019：89）とあり、試案と類似した記述が今もなされています。

４　高等学校「商業」における「簿記」の学習指導案

授業にあたっては、授業のシナリオが必要になります。つまり学習指導計画の作成、学習指導案に基づく学習指導の展開、そして評価のサイクルです。ここでは「簿記」の学習指導案を例示します。

作成する前に前述の試案の学習指導上の要点を理解したうえで、学習指導要領の科目の目標に即して学習指導案を作成していくとよいでしょう。学習指導案の形式にはとくに決められた形式はありませんが、一般的に次のような項目を記述します。それは、授業日時や対象、教科書、単元名、指導の立場（教材観、生徒観、指導観)、単元目標、単元の指導計画、単元の評価規準、本時の目標、本時の展開などです。

……………………… **商業科「簿記」学習指導案** ………………………

○年△月◇日□校時

△△高等学校◇年□組

指導者　大分豊一

1　単元名：第○章　現金・預金などの取引　現金過不足

2　単元について

⑴　教材観：本単元は、学習指導要領商業編「第11節　簿記」２内容⑵取引の記帳「ア現金と預金」にあたる。

⑵　生徒観：学習意欲が高く、授業中は落ち着きのある面をもつクラスである。

⑶　指導観：現金過不足の意味について、具体的事例を挙げながらその基本的な会計処理を理解させる。

3　単元の目標

・現金過不足の意味について理解することができるとともに関心をもつことができる。

4　単元の評価規準

Ⅰ　知識・技能	Ⅱ　思考・判断・表現	Ⅲ　主体的に学習に取り組む態度
現金過不足の記帳処理を理解している。	現金過不足に関する課題を発見し，根拠に基づいた記帳方法等を表現している。	現金過不足の記帳方法について自ら学び，取り組もうとしている。

5　指導と評価の計画

単元の指導計画	①現金・現金出納帳　1時間 ②現金過不足　1時間（本時）（以下省略）		
	生徒の学習内容	教師の指導・支援	評価・備考
導入（5分）	本時の学習内容を知る（以下省略）	本時の学習内容を確認する（以下省略）	現金過不足の意味を理解している（知識・理解）（以下省略）
展開（40分）	学習内容を知る（以下省略）	現金過不足の仕訳をしていくことを説明する（以下省略）	ワークシートにしっかり書き写せているか（技能）（以下省略）
まとめ（5分）	・現金過不足の取引について、理解できているかどうかを確認する（以下省略）	・本時のまとめに入る（以下省略）	・現金過不足について理解できているか（知識・理解）（以下省略）

参考・引用・紹介文献

日本商業教育学会（2019）『商業科教育論　21世紀の商業教育を創造する』実教出版

文部科学省（2017）『小学校学習指導要領』東洋出版社

文部科学省（2018）『中学校学習指導要領解説 特別の教科 道徳編』教育出版

文部科学省（2018）『中学校学習指導要領（平成29年告示）解説　特別の教科道徳編』教育出版

文部省（1951）『高等学校学習指導要領　商業科編（試案）』国元書房

文部科学省（2019）『高等学校学習指導要領（平成30年告示）解説　商業編』実教出版

おわりに

「教職関係科目が俯瞰できる教科書が欲しいね」という軽い会話を重ねるうちに「やってみよう」ということになって作ったのが本書です。担当した分を持ち寄って検討する機会を何度も持ちました。予想しなかったコロナ禍に巻き込まれます。刊行は当初の予定より遅れましたが、若い方々に一読していただける内容に仕上げることができたのではないかと胸をなでおろすところです。

私たちに共通する認識は、学生の教職課程科目への十分な理解に寄与することです。学生の実態としては大学入学時点で教職を念頭に教職課程科目を履修する場合もあれば、とりあえず教員免許の取得をとの理由で履修することもあり、教職への温度差がみられます。このような状況を鑑みながら、日々教員養成に従事する担当者に要請される課題は、教職に必要な最大公約数の「教職への資質」の涵養にあるといえます。

ところで、教育を取り巻く背景には多岐にわたる現代的課題があります。子どもの権利保障に関わる「子どもの貧困」問題や社会的分断、抑圧、排除に関わる問題等ですが、社会資本に関連する社会との連携も鋭く問われています。さらに、収束が見えないコロナ禍も教育の在り方と深く関わります。これら教育を取り巻く諸課題への対応は喫緊課題題であると同時に、人類の存亡にかかわる未来社会への宿題でもあります(SDGｓも含む)。

こうした現代の地球社会の諸課題の解決には、質の高い教育・学習が不可欠です。本書の上梓は、学生等が教育・学習の基礎を学ぶ意味で時宜にかなったものといえるのではないかと思われます。

2023（令和５）年４月３日

著　者　一　同

索　引

ア行

カ行

サ行

タ行

ナ行

ハ行

マ行

ヤ行

ラ行

ワ行

著者紹介（ABC順）

石橋　　修（いしばし・おさむ）
日本文理大学教授（教育法学、社会教育学）。1953（昭和28）年青森県生まれ。早稲田大学大学院文学研究科博士課程前期修了。私立高校教諭、青森大学教授等を経て、現任校では教職関係科目を担当。

藪内　聰和（やぶうち・としかず）
日本文理大学教授（教育哲学、哲学）、修士（哲学）。1970（昭和45）年大阪府生まれ。同志社大学大学院文学研究科博士課程（後期）哲学および哲学史専攻単位取得後退学。現任校では、教育実習、教育原理、道徳教育の理論と実践、哲学概論、倫理学概論等を担当。

山岸　治男（やまぎし・はるお）
別府溝部学園短期大学教授、大分大学名誉教授。教育学修士。1947（昭和22）年、新潟県生まれ。東北大学大学院博士後期課程単位取得後退学。大分大学教授、日本文理大学教授を経て現職。教育社会学、社会教育、教育原理等を担当。大分県男女共同参画推進委員、大分地方法務局人権擁護委員等歴任。

山本　義史（やまもと・よしふみ）
元日本文理大学教授、文学修士。1956（昭和31）年長崎県生まれ。広島大学大学院博士課程後期単位取得後退学。心理学、教育心理学を担当。大分県学校心理会所属学校心理士。

吉本圭一郎（よしもと・けいいちろう）
日本文理大学経営経済学部経営経済学科准教授。法学修士。1973（昭和48）年、大分県大分市生まれ。広島大学大学院社会科学研究科博士後期課程単位取得後退学。大学では簿記会計科目、経営分析、商業科教育法等を担当。

ひとの発達を支える
教育の原理・課程・方法

2023年４月15日　発行

編著者　山　岸　治　男（代表）
発行所　株式会社　溪水社
広島市中区小町1-4（〒730-0041）
電話082-246-7909／FAX082-246-7876
e-mail: contact@keisui.co.jp
URL: http://www.keisui.co.jp

ISBN978-4-86327-622-2　C3037